ꟽ 완자

공부력

초등 전과목
어휘 1A

초등 전과목 어휘
1-2학년군 구성
- 1A, 1B, 2A, 2B -

국어 교과서

✔ **문학**

화해 | 값지다 | 흡족 | 낭송 | 충고 등

20개 어휘 수록

✔ **문법**

밑바닥 | 무렵 | 진지 | 계시다 | 주무시다 등

12개 어휘 수록

✔ **말하기, 쓰기**

훑어보다 | 긴장 | 안부 | 짐작 | 배려 등

24개 어휘 수록

사회 교과서

✔ **사회·문화**

노약자 | 무릅쓰다 | 삼가다 | 갈등 | 적성 등

28개 어휘 수록

✔ **생활**

차례 | 증상 | 적절하다 | 규칙 | 응급 등

40개 어휘 수록

✔ **환경, 법**

함부로 | 횡단보도 | 예보 | 자제 | 재활용 등

16개 어휘 수록

✔ **역사, 지역**

조상 | 지혜롭다 | 며칠 | 한파 | 장맛비 등

12개 어휘 수록

1~2학년 교과서에 나오는 필수 어휘를
과목별 주제에 따라 배우며 실력을 키워요!

✓ **연산**

묶음 | 세다 | 맞추다 | 낱개 | 횟수 등

12개 어휘 수록

✓ **도형**

반듯하다 | 형태 | 맞추다 | 곧다 | 비교 등

12개 어휘 수록

수학 교과서

✓ **측정, 자료**

가리키다 | 시각 | 단위 | 어림 | 합계 등

20개 어휘 수록

✓ **생물, 몸**

소화 | 고약하다 | 보온 | 천적 | 풍부하다 등

40개 어휘 수록

✓ **대기, 지구, 우주**

햇볕 | 가파르다 | 오염 | 진공 | 육지 등

24개 어휘 수록

과학 교과서

✓ **물질, 열, 운동**

끓이다 | 쓰임새 | 높낮이 | 질다 | 묽다 등

20개 어휘 수록

특징과 활용법

✳ 그림과 한자로
교과서 필수 어휘를
배우고 문제를 풀며
확장하여 익혀요.

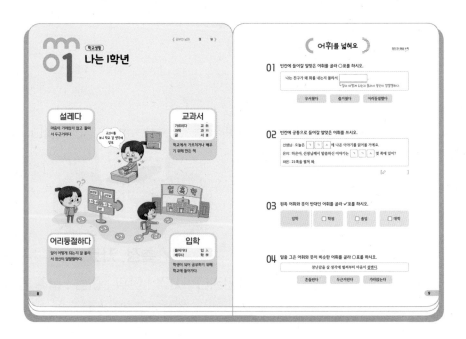

✳ 필수 어휘와 연관된
관용 표현과
문법을 배우고,
교과서 관련 글을
읽으며 어휘력을
키워요.

✅ 책으로 하루 4쪽씩 공부하며, 초등 어휘력을 키워요!

✅ 모바일앱으로 공부한 내용을 복습하고 몬스터를 잡아요!

공부한 내용 **확인하기**

모바일앱으로 복습하기

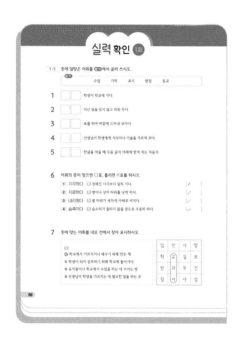

앱 다운받기

책 인증하기

✳ 20일 동안 배운 어휘를 문제로 💡 풀어 보며 자기의 실력을 확인해요.

✳ 그날 배운 내용을 바로바로, 또는 주말에 모아서 복습하고, 다이아몬드 획득까지! 💎 공부가 저절로 즐거워져요!

차례

우리도 하루 4쪽 공부 습관!
스스로 공부하는 힘을
키워 볼까요?

큰 습관이
지금은 그 친구를 이끌고 있어요.
매일매일의 좋은 습관은 우리를 좋은
곳으로 이끌어 줄 거예요.

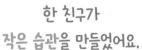

한 친구가
작은 습관을 만들었어요.

매일매일의 시간이 흘러
작은 습관은 큰 습관이 되었어요.

학교생활

01 나는 1학년

설레다

마음이 가라앉지 않고 들떠서 두근거리다.

교과서를 보니 학교 갈 생각에 설레.

교과서

가르치다	교	敎
과목	과	科
글	서	書

학교에서 가르치거나 배우기 위해 만든 책

어리둥절하다

일이 어떻게 되는지 잘 몰라서 정신이 얼떨떨하다.

입학

들어가다	입	入
배우다	학	學

학생이 되어 공부하기 위해 학교에 들어가다.

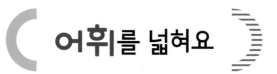

01 빈칸에 들어갈 알맞은 어휘를 골라 ○표를 하시오.

> 나는 친구가 왜 화를 내는지 몰라서 ⬚⬚⬚.
> └ 일이 어떻게 되는지 몰라서 정신이 얼떨떨하다.

무서웠다   즐거웠다   어리둥절했다

02 빈칸에 공통으로 들어갈 알맞은 어휘를 쓰시오.

> 선생님: 오늘은 ㄱ ㄱ ㅅ 에 나온 이야기를 읽어 볼 거예요.
>
> 은지: 하은아, 선생님께서 말씀하신 이야기는 ㄱ ㄱ ㅅ 몇 쪽에 있어?
>
> 하은: 21쪽을 펼쳐 봐.

[✎   ]

03 왼쪽 어휘와 뜻이 반대인 어휘를 골라 ✓표를 하시오.

입학   ☐ 학원   ☐ 졸업   ☐ 대학

04 밑줄 그은 어휘와 뜻이 비슷한 어휘를 골라 ○표를 하시오.

> 장난감을 살 생각에 벌써부터 마음이 설렌다.

흔들린다   두근거린다   가라앉는다

05 보기를 보고, 괄호 안에서 알맞은 어휘를 골라 ○표를 하시오.

> 보기
>
> 여행을 떠난다는 생각에 마음이 ⟨설레다⟩ | 설레이다
>
> 어휘의 원래 모양에 '–이–'가 없는데 '–이–'를 넣어 쓰면 안 된다.

1 비가 (개고 | 개이고) 날씨가 맑아졌다.

2 지하철역을 찾아 (헤매다 | 헤매이다) 버스를 탔다.

06 밑줄 그은 어휘를 바르게 고쳐 빈칸에 쓰시오.

1 내일이 학교에 입팍하는 날이다.

↳ ☐☐

2 수영장에 갈 생각에 마음이 설래다.

↳ ☐☐☐

3 일이 어떡게 되는지 몰라서 걱정이 되었다.

↳ ☐☐☐

07 밑줄 그은 말의 뜻으로 알맞은 것에 ✓표를 하시오.

> 착한 나무꾼은 나무를 하다가 실수로 도끼를 연못에 빠뜨리고 말았습니다. 나무꾼이 슬프게 울기 시작하자 하얀 연기가 피어오르면서 산신령이 나타났습니다. 갑자기 산신령이 나타나자 나무꾼은 어안이 벙벙해서 산신령을 쳐다만 보았습니다.

☐ 자신의 잘못을 뉘우치다.

☐ 잊었던 것들이 모두 생각나다.

☐ 뜻밖에 놀라운 일을 겪어서 어리둥절하다.

정답과 해설 6쪽

08~10 다음 글을 읽고, 물음에 답하시오. **학교생활**

| 날짜 | 20○○년 3월 1일 | 날씨 | 맑음. |

   내일은 초등학교에 입학하는 날이다. 나는 오래 전부터 이날을 기다려 왔다. 내가 내일부터는 동생과 함께 유치원에 안 간다고 하니 동생이 어리둥절해했다. 학교에 가면 무엇을 할지 생각하면서 학교에서 미리 받아온 교과서도 펼쳐 보았다. 가끔 아는 내용도 있었지만 처음 보는 내용이 많았다. 잘 모르는 내용들은 학교에서 열심히 배워야겠다. 학교에 가면 새로운 친구들도 많이 만날 수 있을 것이다. 그래서 학교에 가는 것이 너무 기대된다. 오늘은 설레이서 잠이 안 올 것 같다.

08 이 글의 핵심 내용을 파악하여 빈칸에 들어갈 알맞은 어휘를 쓰시오.

{ 초등학교에 [ ][ ]하기 전날의 마음 }

09 일기에서 알 수 있는 글쓴이에 대한 설명으로 알맞은 것은? [🖉]

① 유치원에 다니지 않았다.
② 학교에 아는 친구들이 많다.
③ 어제 초등학교에 입학하였다.
④ 입학식을 앞두고 잠을 잘 잤다.
⑤ 입학 전날 교과서를 미리 살펴보았다.

10 일기에 드러난 글쓴이의 마음으로 알맞은 것에 ○표를 하시오.

| 놀랍다. | 기대된다. | 화가 난다. |
| ( ) | ( ) | ( ) |

03 02 학교생활

학교 안에 있어요

교무실

가르치다	교	敎
힘쓰다	무	務
방	실	室

선생님이 학생을 가르치는 데 필요한 일을 하는 곳

수업

주다	수	授
공부	업	業

선생님이 학생에게 지식이나 기술을 가르쳐 주다.

보건실

지키다	보	保
건강하다	건	健
방	실	室

아프거나 다친 데를 치료하는 곳

치료

고치다	치	治
병을 고치다	료	療

병이나 상처 따위를 낫게 하다.

 어휘를 넓혀요

01 은수는 모르는 어휘를 사전에서 찾아보았다. 은수가 찾은 단어를 쓰시오.

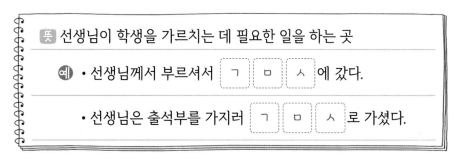

뜻 선생님이 학생을 가르치는 데 필요한 일을 하는 곳

예 · 선생님께서 부르셔서 [ㄱ][ㅁ][ㅅ] 에 갔다.

· 선생님은 출석부를 가지러 [ㄱ][ㅁ][ㅅ] 로 가셨다.

[✎   ]

02 빈칸에 공통으로 들어갈 알맞은 어휘를 쓰시오.

윤수: 선생님, 저 갑자기 코피가 나요.

선생님: 어서 [ㅂ][ㄱ][ㅅ] 로 가자.

영운: 저도 연필에 손가락을 찔려서 피가 나요.

선생님: 둘 다 선생님과 함께 [ㅂ][ㄱ][ㅅ] 에 가서 치료를 받자.

[✎   ]

03 다음 어휘의 뜻으로 알맞은 어휘를 괄호 안에서 골라 ○표를 하시오.

수업

뜻 (선생님 | 학생)이 (선생님 | 학생)에게 지식이나 기술을 가르쳐 주다.

04 밑줄 그은 어휘와 뜻이 비슷한 어휘를 골라 ○표를 하시오.

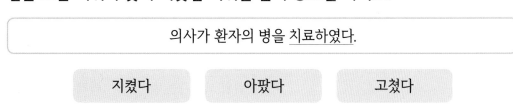

의사가 환자의 병을 <u>치료하였다.</u>

지켰다   아팠다   고쳤다

어법+표현 다져요

05 보기를 보고, 괄호 안에서 알맞은 어휘를 골라 ○표 하시오.

> **보기**
>
> **가르치다** 지식이나 기능 따위를 깨닫게 하거나 배우게 하다.
> 예 선생님이 학생에게 한글을 가르치다.
>
> **가리키다** 손가락으로 방향이나 물건을 집어서 보이거나 알리다.
> 예 민지가 손짓으로 노란 색종이를 가리키다.

1 내 짝이 손가락으로 내 가방을 (가르쳤다 | 가리켰다).

2 동생에게 컴퓨터를 사용하는 방법을 (가르쳤다 | 가리켰다).

06 빈칸에 들어갈 알맞은 받침을 쓰시오.

1 감기가 | 나 |지 않으면 약을 먹어야 한다.

2 어제 자전거를 타다가 넘어져서 무릎을 다 | 쳐 |다.

07 밑줄 그은 부분에 사용할 수 있는 속담으로 알맞은 것에 ✓표를 하시오.

> 나무를 마구 베어 내고, 쓰레기를 아무 데나 버리는 등 숲을 아프게 한 행동을 한 사람들이 숲을 보호하겠다며 나무를 심는 것은 _____ 행동이다.

☐ 병 주고 약 준다
　자기가 피해를 준 후에 도와주는 척 한다는 말

☐ 남의 손의 떡은 커 보인다
　남의 것이 내 것보다 더 좋고, 남의 일이 내 일보다 더 쉬워 보인다는 말

☐ 가는 말이 고와야 오는 말이 곱다
　자기가 남에게 좋게 하여야 남도 자기에게 좋게 한다는 말

08~10 다음 글을 읽고, 물음에 답하시오. 학교생활

민지는 교무실에 계신 선생님께 가려고 합니다. 히지민 학교에 저음 와 보아서 선생님이 계신 교무실이 어디인지 몰랐습니다. 아래 학교 안내도를 보고 민지가 어디로 가야할지 알아봅시다.

○○ 초등학교 안내도

2층	1 과학실 실험이나 관찰을 하며 과학을 공부하는 곳	2 보건실 아픈 학생들을 치료해 주는 곳	3 교실 선생님이 수업하시는 곳
1층	1 교무실 선생님들이 일하시는 곳	2 방송실 학교 방송을 하는 곳	3 음악실 음악을 공부하는 곳

08 이 글의 핵심 내용을 파악하여 빈칸에 들어갈 알맞은 어휘를 쓰시오.

민지가 〔　〕〔　〕〔　〕에 계신 선생님께 가는 방법

09 민지가 교무실에 가는 방법을 괄호 안에서 골라 ○표를 하시오.

1층의 (1 | 2 | 3)번 방으로 간다.

10 보기 와 같은 상황에서 가야 할 곳에 ○표를 하시오.

보기

노래를 부르거나 악기를 연주하는 수업을 할 때

방송실　　　　음악실　　　　과학실

03

학교생활

학교에 가요

건널목

강이나 길 같은 곳에서 사람이 건너다닐 수 있게 만든 곳

갈림길

여러 방향으로 갈라져 있는 길

건널목

갈림길

무사히 등교했어!

무사히

| 없다 | 무 | 無 |
| 일 | 사 | 事 |

아무 사고 없이 편안하게

등교

| 나가다 | 등 | 登 |
| 학교 | 교 | 校 |

학생이 학교에 가다.

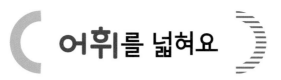

정답과 해설 8쪽

01 밑줄 그은 말과 뜻이 비슷한 어휘를 골라 ○표를 하시오.

> 그 도로에는 길을 건너다닐 수 있게 만든 곳이 있습니다.

복도　　　　찻길　　　　건널목

02 빈칸에 공통으로 들어갈 알맞은 어휘에 ○표를 하시오.

> • 학교 앞에는 두 방향으로 갈린 [　　　]이 있다.
>
> • 이 [　　　]에서 왼쪽으로 가면 공원이 나온다.

갈림길　　　　고생길　　　　바른길

03 밑줄 그은 어휘가 알맞게 쓰이지 않은 문장을 골라 ✓표를 하시오.

☐ 현관에 신발들이 무사히 놓여 있었다.
☐ 비가 많이 왔지만 학교에 무사히 도착했다.
☐ 운전사가 손님들을 목적지까지 무사히 데려다 주었다.

04 빈칸에 들어갈 어휘를 보기에서 골라 쓰시오.

> **보기**
>
> 등교　←→　하교
> 　　반대의 뜻

1 오늘은 아침 일찍 일어나서 [　][　]할 준비를 했다.

2 엄마가 [　][　] 시간에 학교 앞으로 오셔서 함께 집으로 갔다.

05 보기를 보고, 괄호 안에서 알맞은 어휘를 골라 ◯표를 하시오.

> **보기**
> • '이'를 붙이는 어휘: 똑같이, 깨끗이 등
> • '히'를 붙이는 어휘: 조용히, 무사히, 꼼꼼히 등
> → '이'와 '히'는 어휘마다 다르게 붙으므로 그때그때 어휘를 기억해 두어야 한다.

1 오늘은 내 방을 (깨끗이 | 깨끗히) 치웠다.

2 동생이 내 방에 (조용이 | 조용히) 들어왔다.

3 책을 처음부터 끝까지 (꼼꼼이 | 꼼꼼히) 읽었다.

06 다음 뜻을 보고 빈칸에 들어갈 알맞은 말을 쓰시오.

1 눈에 덮인 길 → ㄴ 길 　 [✎ 　　　]

2 여러 방향으로 갈라져 있는 길 → ㄱ ㄹ 길 　 [✎ 　　　]

3 멀리 돌지 않고 가깝게 질러가는 길 → ㅈ ㄹ 길 　 [✎ 　　　]

07 다음 말을 사용할 수 <u>없는</u> 상황에 ✓표를 하시오.

> **갈림길에 서다**
>
> 뜻 어느 한쪽을 선택해야 하는 상황을 이르는 말
> 예 나는 미술반에 들지 댄스반에 들지 갈림길에 섰다.

☐ 이 집에서 계속 살지, 이사를 갈지 결정하는 상황

☐ 축구 선수가 되고 싶어서 열심히 연습을 하는 상황

☐ 수학과 영어 중 무엇을 먼저 공부할지 선택하는 상황

08~10 다음 글을 읽고, 물음에 답하시오. 　학교생활

등교할 때에는 다음과 같은 점을 잘 지키면 무사히 학교에 도착할 수 있습니다.

■ 길을 걸을 때
㉠ 횡단보도에서는 초록불에 길을 건너야 합니다.
㉡ 건널목에서는 주변을 살피고 길을 건너야 합니다.
㉢ 갈림길에서 길을 잃지 않도록 학교 가는 길을 정확히 알아둡니다.

■ 버스에 탔을 때
㉣ 큰 소리로 떠들거나 장난치지 말아야 합니다.
㉤ 창문 밖으로 손이나 고개를 내밀지 말아야 합니다.

08 이 글의 핵심 내용을 파악하여 빈칸에 들어갈 알맞은 어휘를 쓰시오.

{ 학교에 안전하게 □□ 하는 방법 }

09 길을 걸을 때 지켜야 할 점으로 맞으면 ○표, 틀리면 ✕표를 하시오.

1 갈림길에서 오른쪽 길로만 간다. (　　　)

2 빨간불이 들어오면 횡단보도를 건넌다. (　　　)

3 건널목에서는 주변을 살피고 길을 건넌다. (　　　)

10 ㉠~㉤ 중, 다음 사람이 지켜야 할 규칙으로 알맞은 것은? [✐　]

많은 사람들이 있는 버스 안에서 큰 소리로 떠드는 사람

① ㉠　　　② ㉡　　　③ ㉢　　　④ ㉣　　　⑤ ㉤

학교생활

수업에 늦었어요

주위

둘레	주	周
둘러싸다	위	圍

어떤 사물이나 사람을 둘러
싸고 있는 것이나 환경

헤매다

갈 곳을 몰라 이리저리 돌아
다니다.

주위를 봐도 여기가
어디인지 모르겠어.

길을 헤매다가
지각을 했어.

교실

가르치다	교	教
방	실	室

유치원이나 학교에서 수업
을 하는 데 쓰이는 방

지각

늦다	지	遲
때	각	刻

정해진 시각보다 늦게 가다.

01 빈칸에 공통으로 들어갈 알맞은 어휘를 쓰시오.

- 해가 지자 [ㅈ][ㅇ]가 어두워졌다.
- 적을 막기 위해 마을 [ㅈ][ㅇ]에 담을 쌓았다.

[✎   ]

02 다음 어휘의 뜻으로 알맞은 어휘를 괄호 안에서 골라 ○표를 하시오.

지각하다

뜻 (정해진 | 생각한) 시각보다 (늦게 | 빨리) 가다.

03 밑줄 그은 어휘와 뜻이 비슷한 어휘를 골라 ○표를 하시오.

우리는 친구의 집을 찾지 못해 이리저리 헤맸다.

살펴봤다   돌아다녔다   뛰어다녔다

04 '실(室)' 자가 들어간 보기의 어휘 중 빈칸에 알맞은 어휘를 골라 쓰시오.

보기
교실(敎室)   미용실(美容室)   화장실(化粧室)

1 선생님이 [   ]에서 수업하신다.

2 머리를 자르기 위해 [   ]에 갔다.

3 갑자기 배가 아파서 [   ]로 뛰어갔다.

05 보기를 보고, 빈칸에 알맞은 어휘를 쓰시오.

> **보기**
>
> 뛰다 + 오르다 → 뛰어오르다
>
> 뜻 어떤 곳을 뛰어서 빨리 올라가다.

1 돌다 + 다니다 → ㄷ ㅇ ㄷ ㄴ ㄷ

뜻 여기저기 여러 곳을 다니다.

[✎   ]

2 두르다 + 싸다 → ㄷ ㄹ ㅆ ㄷ   [✎   ]

뜻 둘러서 감싸다.

06 밑줄 그은 어휘를 바르게 쓴 사람의 이름을 쓰시오.

하은: 나는 동네를 <u>해메고</u> 다녔다.

서준: 나는 동네를 <u>헤매고</u> 다녔다.

선재: 나는 동네를 <u>헤매이고</u> 다녔다.

[✎   ]

07 빈칸에 다음 한자 성어가 들어가기에 알맞은 문장에 ✔표를 하시오.

> **오리무중** 오(五) 다섯 리(里) 마을 무(霧) 안개 중(中) 가운데
>
> '리'는 옛날에 거리를 잴 때 사용하던 말로 '오 리'는 아주 긴 거리를 의미한다. '오 리무중'은 오 리나 되는 짙은 안개 속에 있다는 뜻으로, 무슨 일이 어떻게 되는지 알 수 없음을 뜻하는 한자 성어이다.

☐ 길에서 우연히 [   ] 그리워하던 친구를 봤다.

☐ 수업에 늦었는데 [   ]으로 배까지 아파 왔다.

☐ 숨바꼭질을 했는데 친구가 어디 숨었는지 [   ]이다.

08~10 다음 글을 읽고, 물음에 답하시오. 학교생활

지수는 어젯밤에 만화를 보느라 늦게 잤습니다. 그래서 다음 날 아침에 엄마가 깨워 주셨지만 일어나지 못했습니다. 평소보다 늦게 일어난 지수는 서둘러 학교에 갈 준비를 했지만 지각을 하고 말았습니다. 교실에 들어섰더니 선생님은 이미 수업을 하고 계셨고, 지수를 보는 주위 친구들의 시선이 느껴졌습니다. 당황한 지수는 자신의 자리를 찾지 못하고 헤매다가 겨우 자리에 앉았습니다. 지수는 다음에는 늦잠을 자지 않고 일찍 일어나겠다고 다짐했습니다.

08 이 글의 핵심 내용을 파악하여 빈칸에 들어갈 알맞은 어휘를 쓰시오.

지수가 학교에 □□을 한 일

09 지수가 오늘 학교에 늦은 이유로 알맞은 것은?

① 늦잠을 자서
② 학교에 가는 버스가 늦게 와서
③ 시계가 고장 나 알람이 울리지 않아서
④ 처음 가 보는 길로 가려다가 길을 잃어서
⑤ 준비물을 챙기지 않아 다시 집에 다녀와서

10 교실에서 지수가 본 모습으로 맞는 것에 ○표, 틀린 것에 ×표를 하시오.

1 친구들이 지수를 쳐다보았다. (   )

2 선생님은 이미 수업을 하고 계셨다. (   )

3 지수의 자리에 다른 친구가 앉아 있었다. (   )

학교생활

나를 소개합니다

자기소개

안녕하세요.
저는 김유찬입니다.

인사말

| 사람 | 인 人 |
| 일 | 사 事 |

만나거나 헤어질 때에 인사
로 하는 말

소개

| 잇다 | 소 紹 |
| 사이에 끼다 | 개 介 |

잘 알려지지 않았거나 모르
는 사실을 잘 알도록 설명
하다.

나와 머리 색이
다르다는 차이점이
있네.

쉿!

숨죽이다

숨소리가 들리지 않을 정도
로 조용히 하다.

차이점

다르다	차 差
다르다	이 異
점	점 點

서로 같지 않고 다른 점

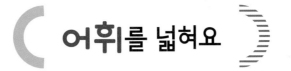
01 빈칸에 공통으로 들어갈 알맞은 어휘를 골라 ○표를 하시오.

우리는 상황에 따라 "안녕하세요.", "안녕히 계세요." 등 [   ]을 주고받습니다. 상황에 맞는 알맞은 [   ]을 사용하여 예의 바르게 인사해 봅시다.

거짓말   인사말   귓속말

02 빈칸에 들어갈 알맞은 어휘를 쓰시오.

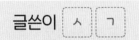 글쓴이 ㅅ ㄱ

김유나 시인은 사람의 마음을 잘 보여 주는 시를 많이 썼다. 김유나 시인이 쓴 작품으로는 「오늘의 책」, 「하루하루 행복하다」 등이 있다.

[✎   ]

03 밑줄 그은 어휘가 알맞게 쓰이지 않은 문장을 골라 ✓표를 하시오.

☐ 자는 동생이 깰까 봐 <u>숨죽여</u> 화장실에 다녀왔다.
☐ 친구가 자신은 어려운 책을 읽는다며 나를 <u>숨죽였다</u>.
☐ 그는 도둑들이 보물에 대해 이야기하는 것을 <u>숨죽이고</u> 엿들었다.

04 빈칸에 들어갈 알맞은 어휘를 쓰시오.

공통점
둘 또는 여럿 사이에 서로 닮은 점

↔ 반대의 뜻

ㅊ ㅇ ㅈ
서로 같지 않고 다른 점

[✎   ]

05 보기와 같이 뜻이 반대인 관계의 어휘들이 <u>아닌</u> 것에 ✓표를 하시오.

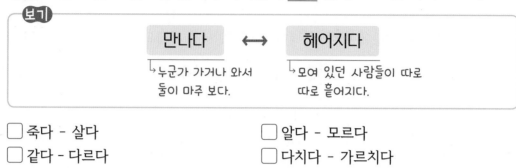

□ 죽다 - 살다 □ 알다 - 모르다
□ 같다 - 다르다 □ 다치다 - 가르치다

06 보기를 보고, 괄호 안에서 알맞은 어휘를 골라 ○표를 하시오.

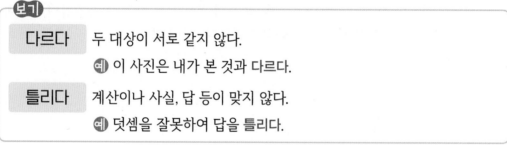

1 쌍둥이도 서로 성격이 (다르다 | 틀리다).

2 문제까지 미리 알려 줬는데도 답을 (달랐다 | 틀렸다).

07 밑줄 그은 말의 뜻으로 알맞은 것에 ✓표를 하시오.

우리 축구 팀은 축구 경기를 하기로 했다. 우리 팀도 잘하지만 상대 팀도 굉장히 잘한다고 소문이 난 팀이었다. 코치님은 우리 팀과 상대 팀의 실력은 <u>종이 한 장 차이</u>라고 하셨다. 그러니 내일 최선을 다해서 경기를 해야 한다고 말씀하셨다.

□ 수나 정도의 차이가 매우 적다.
□ 처음에는 작지만 나중에는 큰 차이가 된다.
□ 두 가지 일 사이에 시간이 얼마 차이 나지 않는다.

08~10 다음 글을 읽고, 물음에 답하시오. 　(학교생활)

　　오늘은 자기소개를 하는 날입니다. 진우는 며칠 전부터 친구들에게 자신을 소개할 말을 준비했습니다. 다른 친구들의 자기소개를 숨죽여 듣고 있으니 마침내 진우의 차례가 되었습니다. 진우는 "안녕하세요."라는 인사말로 시작하여 자신이 좋아하는 것, 싫어하는 것, 선생님이 되고 싶은 꿈, 집에서 키우는 강아지 두 마리의 공통점과 차이점 등을 이야기했습니다. 소개가 끝나자 친구들이 박수를 쳐 주었습니다. 진우는 자기소개를 통해 진우가 친구들에 대해 알게 된 것처럼, 친구들이 진우에 대해 더 잘 알게 되었으면 좋겠다고 생각했습니다.

08 이 글의 핵심 내용을 파악하여 빈칸에 들어갈 알맞은 어휘를 쓰시오.

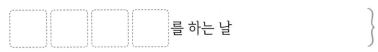

{ 　□□□□ 를 하는 날 　}

09 진우가 자기소개를 할 때 말한 내용이 <u>아닌</u> 것은? 　[✎]

① 자신이 좋아하는 것
② 자신이 싫어하는 것
③ 어젯밤에 꾼 꿈의 내용
④ 예의를 나타내는 인사말
⑤ 집에서 키우는 강아지 두 마리에 대한 설명

10 진우가 자기소개를 마치고 한 생각으로 알맞은 것은? 　[✎]

②
친구들이 나에 대해
잘 알게 되면 좋겠어.

①
자기소개가 너무 쉬워서
어리둥절했어.

③
다른 친구보다 자기소개를
잘해서 만족해.

진우

학교생활

06 수업 시간에 하는 일

발표

나타나다	발 發
겉	표 表

어떤 일이나 생각을 드러내어 알리다.

적다

어떤 내용을 글로 쓰다.

띄다

거리를 꽤 멀게 하다.

잊어버리다

기억해 두어야 할 것을 한순간 전혀 생각하지 못하다.

어휘를 넓혀요

정답과 해설 11쪽

01 다음 어휘의 뜻으로 알맞은 어휘를 괄호 안에서 골라 ○표를 하시오.

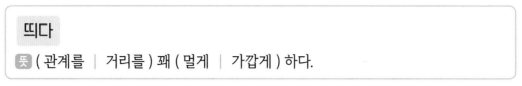

띄다

뜻 (관계를 | 거리를) 꽤 (멀게 | 가깝게) 하다.

02 밑줄 그은 말과 뜻이 비슷한 어휘를 골라 ○표를 하시오.

친구와의 약속을 <u>기억하지 못하다</u>.

생각하다 　　　 떠올리다 　　　 잊어버리다

03 밑줄 그은 어휘와 뜻이 비슷한 어휘로 알맞지 <u>않은</u> 것은? 　　　[✎　　　]

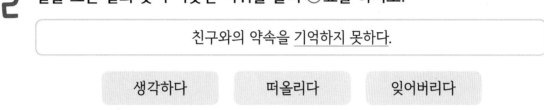

지수는 선생님이 해 주시는 말씀을 공책에 <u>적었다</u>.

① 썼다　　　② 기록했다　　　③ 필기했다　　　④ 메모했다　　　⑤ 가르쳤다

04 빈칸에 공통으로 들어갈 알맞은 글자를 쓰시오.

• 에디슨은 전기를 [　　] 명 하였다.

• 오늘은 내가 쓴 글을 친구들 앞에서 [　　] 표 하는 날이다.

• 경주 지역에서 우리 조상들이 사용하던 물건들이 많이 [　　] 견 되었다.

　　　　　　　　　　　　　　　　　　　　　　　　　[✎　　　]

05 보기를 보고, 괄호 안에서 알맞은 어휘를 골라 ○표를 하시오.

보기

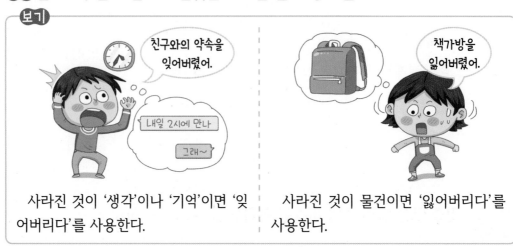

친구와의 약속을 잊어버렸어.

내일 2시에 만나

그래~

사라진 것이 '생각'이나 '기억'이면 '잊 어버리다'를 사용한다.

책가방을 잃어버렸어.

사라진 것이 물건이면 '잃어버리다'를 사용한다.

1 어제 교실에서 색연필을 (잊어버렸다 │ 잃어버렸다).

2 색연필을 새로 사야 하는 것을 깜빡 (잊어버렸다 │ 잃어버렸다).

06 밑줄 그은 어휘의 뜻을 보기에서 골라 그 기호를 쓰시오.

보기

적다

㉠ 어떤 내용을 글로 쓰다. 예 답안지에 답을 적다.
㉡ 수나 양이 보통보다 모자라다. 예 내 용돈은 다른 친구들보다 적다.

1 책을 읽고 느낀 점을 <u>적었다</u>. (   )

2 이름을 쓰는 칸에 이름을 <u>적었다</u>. (   )

3 오늘따라 그릇에 담긴 밥이 <u>적었다</u>. (   )

07 밑줄 그은 부분에 공통으로 들어갈 말로 알맞은 것에 ✔표를 하시오.

• 친구의 뻔뻔한 태도에 나는 _____.
• 잘못을 하고도 당당한 그 사람의 모습에 모두 _____.

☐ 귀가 따갑다

너무 여러 번 들어서 듣기가 싫다.

☐ 할 말을 잊다

놀랍거나 뜻밖의 일을 당하여 기가 막히다.

☐ 목이 막히다

슬프고 서러운 마음이 치밀어 오르다.

08~10 다음 글을 읽고, 물음에 답하시오. (학교생활)

우리는 수업 시간에 교과서에 나오는 여러 내용을 배웁니다. 선생님께서는 우리에게 다양한 내용을 가르쳐 주십니다. 우리는 선생님께 궁금한 점을 질문하기도 하는데, 이때는 손을 들고 이야기합니다. 수업 시간에는 모둠을 만들어 친구들과 생각을 나누고, 친구들 앞에서 발표도 합니다. 발표할 때는 떨릴 수 있지만 발표를 마치고 나면 뿌듯합니다. 수업 시간에 배운 내용 중에서 기억해 둘 내용이 있으면 공책에 적습니다. 내용을 적어 두면 잊어버렸을 때 다시 찾아볼 수 있습니다. 내용을 적을 때는 글자를 정확하게 쓰고, 낱말을 알맞게 띄어 써야 나중에 알아보기 쉽습니다.

08 이 글의 핵심 내용을 파악하여 빈칸에 들어갈 알맞은 어휘를 쓰시오.

{ ☐☐ 시간에 하는 일 }

09 수업 시간에 하는 일로 알맞지 <u>않은</u> 것은?　[✎ 　]

① 친구들 앞에서 발표를 한다.
② 교과서에 나오는 내용을 배운다.
③ 선생님께 궁금한 점을 질문한다.
④ 모둠을 만들어 친구들과 생각을 나눈다.
⑤ 선생님이 하신 말씀을 모두 공책에 적는다.

10 공책에 적을 때 주의할 점으로 맞는 것에 ○표, 틀린 것에 ✕표를 하시오.

1 볼펜으로만 쓴다. (　　　)

2 글자를 정확하게 쓴다. (　　　)

3 낱말을 알맞게 띄어 쓴다. (　　　)

(학교생활)

재미있는 국어 시간

기억

| 기록하다 | 기 記 |
| 생각하다 | 억 憶 |

지난 일을 잊지 않고 외워 두다. 또는 그 내용

과목

| 과목 | 과 科 |
| 제목 | 목 目 |

가르치거나 배워야 할 내용을 기준에 따라 나눈 것

표시

| 나타내다 | 표 標 |
| 보이다 | 시 示 |

표를 하여 바깥에 드러내 보이다.

고치다

잘못되거나 틀린 것을 바로 잡다.

01 그림을 보고, 괄호 안에서 알맞은 어휘를 골라 ○표를 하시오.

과자를 사기 전에 봉지 겉에 (그려진 | 표시된)
가격을 살펴보았다.

02 빈칸에 공통으로 들어갈 알맞은 어휘를 쓰시오.

은지: 너는 어떤 ㄱ ㅁ 을 좋아해?

민서: 내가 좋아하는 ㄱ ㅁ 은 국어와 수학이야.

[✎   ]

03 빈칸에 공통으로 들어갈 어휘로 알맞은 것은?   [✎   ]

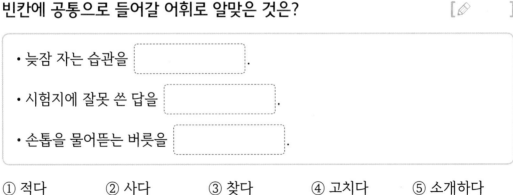

- 늦잠 자는 습관을 _____.
- 시험지에 잘못 쓴 답을 _____.
- 손톱을 물어뜯는 버릇을 _____.

① 적다   ② 사다   ③ 찾다   ④ 고치다   ⑤ 소개하다

04 왼쪽 어휘와 뜻이 반대인 어휘를 골라 ✓표를 하시오.

기억하다 | ☐ 헤매다   ☐ 잊어버리다   ☐ 어리둥절하다

05 밑줄 그은 어휘의 뜻을 보기에서 골라 그 기호를 쓰시오.

> 보기
>
> ### 고치다
>
> ㉠ 고장이 나거나 못 쓰게 된 물건을 손질하여 제대로 되게 하다.
>   예 고장 난 시계를 고치다.
> ㉡ 병 따위를 낫게 하다.
>   예 의사 선생님이 병을 잘 고치다.
> ㉢ 잘못되거나 틀린 것을 바로잡다.
>   예 학교에 지각하는 버릇을 고치다.

1 아빠가 고장 난 자전거를 고쳤다. (   )

2 의사 선생님이 엄마의 병을 고쳤다. (   )

3 밥을 먹을 때 여기저기 돌아다니는 습관을 고쳤다. (   )

06 밑줄 그은 어휘를 바르게 고쳐 빈칸에 쓰시오.

1 나는 수학 과목을 가장 조아한다.

↳ ☐ ☐ ☐ ☐

2 기역하고 싶은 것은 꼭 공책에 써 둔다.

↳ ☐ ☐ ☐ ☐

07 다음 속담을 사용할 수 있는 상황으로 알맞은 것은? [✎   ]

> ### 소 잃고 외양간 고친다
>
> 소를 도둑맞은 뒤에야 소가 없는 빈 외양간을 고치겠다며 힘을 쓴다는 말이다. 이 속담은 이미 일이 잘못된 후에 대책을 세워도 소용이 없다는 뜻을 나타낸다.

① 아무도 없는 빈 교실에 혼자 있었다.
② 엄마가 사 준 바지가 마음에 쏙 든다.
③ 지갑을 잃어버린 후 잘 챙기자고 말했다.
④ 책에서 잘 모르는 내용에 표시를 해 두었다.
⑤ 친구에게 학교에서 배운 내용을 알려 주었다.

08~10 다음 글을 읽고, 물음에 답하시오.　　　　　　　　　　학교생활

　국어는 제가 제일 좋아하는 과목입니다. 국어 시간에는 글을 읽거나 씁니다. 또한 자신이 읽고 쓴 내용을 발표하고, 친구의 발표를 듣기도 합니다. 오늘은 '친구'라는 주제로 글을 썼습니다. 선생님께서는 글을 쓸 때 주제에 맞게 써야 하고, 글자를 틀리지 않도록 조심해야 한다고 하셨습니다. 저는 유치원에서 가장 친했던 친구에 관한 기억을 떠올리며 글을 썼습니다. 글을 쓰고 선생님께 보여드리니 선생님께서 틀린 글자에 표시하시고 알맞게 고쳐 주셨습니다.

08 이 글의 핵심 내용을 파악하여 빈칸에 들어갈 알맞은 어휘를 쓰시오.

오늘 [　][　] 시간에 한 일

09 다음 중 국어 시간에 하는 일이 <u>아닌</u> 것은?　　　　　　[✎　　]

① 글을 쓴다.
② 글을 읽는다.
③ 친구들 앞에서 발표를 한다.
④ 친구의 발표 내용을 듣는다.
⑤ 숫자를 더하거나 빼는 연습을 한다.

10 글쓴이가 오늘 쓴 글의 내용으로 알맞은 것에 ✔표를 하시오.

　☐ 글씨를 바르게 써야 한다는 내용
　☐ 가장 좋아하는 과목에 대한 내용
　☐ 선생님과 함께 국어를 공부한 내용
　☐ 유치원에서 가장 친했던 친구에 대한 내용

학교생활

친구와 싸운 날

다투다

생각이 달라 서로 따지며
싸우다.

말리다

다른 사람이 하려고 하는
행동을 못하게 하다.

친구끼리 사이좋게
지내야지.

오늘 일을 일기로
쓰니 내 행동을
반성하게 돼.

머쓱하다

창피를 당하거나 흥이 꺾여
쑥스럽고 어색하다.

반성

되돌아보다 　　　 반 反
살피다 　　　　　 성 省

자기의 행동이나 말에서 잘
하고 잘못한 것을 깨닫기
위해 스스로를 돌아보다.

01 빈칸에 들어갈 알맞은 어휘를 쓰시오.

- 언니의 물건을 망가트려서 언니와 ❶ ⌐ ⌐ ⌐ .
- 엄마의 말씀을 듣고 나의 잘못된 행동을 ❷ ⌐ ⌐ 하다.

❶ [✎   ]   ❷ [✎   ]

02 다음 어휘의 뜻으로 알맞은 어휘를 괄호 안에서 골라 ○표를 하시오.

말리다

뜻 (다른 사람 ┃ 자기 자신)이 하려고 하는 행동을 (하게 ┃ 못하게) 하다.

03 빈칸에 공통으로 쓸 수 있는 어휘로 알맞은 것은? [✎   ]

- 정이는 윤서가 부탁을 거절하자 [   ] 얼굴이 빨개졌다.
- 윤서는 자신만 떠드는 것을 깨닫고 [   ] 입을 다물었다.

① 기뻐서   ② 신나서   ③ 설레서   ④ 흐뭇하여   ⑤ 머쓱하여

04 '반(反)' 자가 들어간 보기의 어휘 중 빈칸에 알맞은 어휘를 골라 쓰시오.

보기

반대(反對)   반칙(反則)

1 바닥에 그은 선을 밟고 뛰면 [   ]이야.
↳규칙을 어기다.

2 지금 가는 방향과 [   ]로 가야 박물관이 나온다.
↳모양, 위치, 순서, 방향 등이 서로 거꾸로이다.

05 밑줄 그은 어휘의 뜻을 **보기**에서 골라 그 기호를 쓰시오.

> **보기**
>
> **말리다**
>
> ㉠ 다른 사람이 하려고 하는 행동을 못하게 하다.
>
>   **예** 강아지에게 장난을 치려는 아이를 말리다.
>
> ㉡ 물기를 다 날려서 없애다.
>
>   **예** 모닥불에 젖은 옷을 말리다.

1 햇볕에 빨래를 <u>말렸다</u>. (   )

2 선생님께서 다투는 친구들을 <u>말렸다</u>. (   )

3 빨간불인데 횡단보도를 건너려고 하는 사람을 <u>말렸다</u>. (   )

06 기분을 나타내는 어휘들과 어휘의 뜻을 선으로 바르게 이으시오.

1 쑥스럽다 •　　　　　• ㉠ 마음에 모자라 섭섭함을 느끼다.

2 서운하다 •　　　　　• ㉡ 행동이 자연스럽지 않아 어색하고 부끄럽다.

3 당황하다 •　　　　　• ㉢ 놀라거나 마음이 급해서 어찌 할 줄을 모르다.

07 밑줄 그은 부분에 들어갈 속담으로 알맞은 것에 ✔표를 하시오.

> 몸집이 큰 고래들끼리 싸우는데 그 사이에 작은 새우가 끼어 있으면 작은 새우는 고래들의 싸움에 휘말려 피해를 볼 것이다. 그래서 "_____" 라는 속담은 힘이 센 사람들끼리 싸우는 통에 아무 상관도 없는 약한 사람이 중간에 끼어 피해를 입게 된다는 뜻을 지니고 있다.

☐ 병 주고 약 준다

☐ 소 잃고 외양간 고친다

☐ 고래 싸움에 새우 등 터진다

08~10 다음 글을 읽고, 물음에 답하시오. (학교생활)

지호는 오늘 깜빡 잊고 학교에 필통을 가져오지 않았습니다. 그래서 찍에게 연필을 빌려달라고 했습니다. 하지만 짝은 새로 산 연필이라며 빌려주지 않았습니다. 지호는 서운한 마음이 들어 짝에게 "왜 안 빌려주니?"라고 따졌고, 짝도 "내 연필인데 빌려주는 건 내 마음이지."라고 말했습니다. 지호와 짝은 계속 다투었고 이를 본 다른 친구가 둘의 싸움을 말렸습니다. 선생님께서도 둘에게 친구들끼리 서로 이해하고 양보해야 한다고 하셨습니다. 지호는 선생님의 말씀을 듣고 머쓱해졌습니다. 또한 친구를 생각하지 않았던 자신의 행동을 반성했습니다. 그래서 짝에게 먼저 미안하다고 말했습니다.

08 이 글의 핵심 내용을 파악하여 빈칸에 들어갈 알맞은 어휘를 쓰시오.

{ 지호가 학교에서 [ ] 과 다툰 일 }

09 지호가 짝과 다툰 이유로 알맞은 것은? [✎]

① 짝이 놀아 주지 않아서
② 짝이 약속을 지키지 않아서
③ 짝이 손가락으로 자꾸 찔러서
④ 짝이 연필을 빌려주지 않아서
⑤ 짝이 선생님께 자신에 대한 나쁜 말을 해서

10 선생님의 말씀을 들은 후 지호의 마음이나 행동이 <u>아닌</u> 것에 ✔표를 하시오.

☐ 짝에게 먼저 사과했다.
☐ 자신의 행동을 반성했다.
☐ 선생님께 혼난 것이 서운했다.
☐ 짝을 생각하지 않았던 것 같아 짝에게 미안했다.

09

학교생활

받아쓰기를 해요

받침에 주의하면서
받아쓰세요.

받침

한글을 적을 때 모음 글자 아
래에 받쳐 적는 자음자
예 '감'의 'ㅁ', '공'의 'ㅇ'

받아쓰다

남이 하는 말이나 읽는 글을
들으면서 그대로 옮겨 쓰다.

이름을 부르면
대답하고, 질문에 답해
보세요. 김민!

빨리 답을 보고
외워야지.

네. 답은
한글입니다.

외우다

말이나 글 따위를 잊지 않
고 기억하여 두다.

대답

대답하다	대	對
대답하다	답	答

부르는 말을 듣고 어떤 말을
하다.

01 다음 어휘의 뜻으로 알맞은 어휘를 괄호 안에서 골라 ○표를 하시오.

> **받아쓰다**
>
> 뜻 (남이 | 내가) 하는 말이나 읽는 글을 들으면서 (다르게 | 그대로) 옮겨 쓰다.

02 빈칸에 공통으로 들어갈 알맞은 어휘를 쓰시오.

> • 그 아이는 이름을 부르면 큰소리로 ㄷ ㄷ 을 한다.
>
> • 친구는 딴생각을 하는지 내가 불러도 아무 ㄷ ㄷ 이 없었다.

[✎   ]

03 밑줄 그은 말과 뜻이 비슷한 어휘를 골라 ○표를 하시오.

> 친구의 휴대 전화 번호를 잊지 않고 기억했다.

외웠다   정리했다   잊어버렸다

04 다음 어휘에 있는 받침을 쓰시오.

1 꽃 → ☐

2 법 → ☐

3 부엌 → ☐

4 햇볕 → ☐ , ☐

5 운동화 → ☐ , ☐

6 연필꽂이 → ☐ , ☐ , ☐

05 밑줄 그은 어휘의 뜻을 보기에서 골라 그 기호를 쓰시오.

> **보기**
>
> **받침**
>
> ㉠ 다른 물건의 밑에 대는 데 쓰게 만든 물건
>   예 뜨거운 냄비를 식탁에 놓을 때는 받침이 필요하다.
> ㉡ 한글을 적을 때 모음 글자 아래에 받쳐 적는 자음자
>   예 나는 받아쓰기에서 디귿 받침을 잘 틀린다.

1 '김'이라는 글자에는 'ㅁ' 받침이 있다. (   )

2 옷을 만들고 남은 천으로 컵 받침을 만들었다. (   )

06 밑줄 그은 말의 뜻으로 알맞은 것은?   [✐   ]

> 리나: 어제 음악실에 가는 방법을 잊어버려서 학교를 헤매고 다녔어. 다행히 선생님을 만나서 음악실로 가는 길을 가르쳐 주셨어.
> 예서: 넌 길눈이 어둡구나. 나는 한 번 간 길은 잘 외우는 편이야. 다음에는 나에게 물어봐.

① 방법을 찾아내다.
② 빨리 서둘러서 가다.
③ 길을 잘 기억하지 못하다.
④ 해야 할 일들이 많이 남아 있다.
⑤ 서로 찾아오거나 찾아가지 않게 되다.

07 빈칸에 다음 한자 성어가 들어가기에 알맞지 <u>않은</u> 문장에 ✓표를 하시오.

> **동문서답**   동(東) 동쪽 문(問) 묻다 서(西) 서쪽 답(答) 대답하다
>
>   동쪽을 묻는데 서쪽을 대답한다는 뜻으로, 묻는 말과 상관없는 엉뚱한 대답을 가리키는 말이다.

☐ 도망친 강아지가 어디로 갔는지 [   ] 이었다.

☐ 집이 어디냐고 묻는데 하늘이 푸르다며 [   ] 을 하였다.

☐ 자꾸 [   ] 만 하지 말고 질문에 정확하게 대답해 주세요.

08~10 다음 글을 읽고, 물음에 답하시오.   학교생활

오늘은 학교에서 받아쓰기 시험을 보는 날입니다. 어제 선생님께서 "내일은 받아쓰기를 할 테니 집에서 연습해 보세요."라고 말씀하셨습니다. 수아는 "네!" 하고 큰 소리로 대답했습니다. 그리고 집에서 엄마가 읽어 주시는 글을 받아써 보았습니다. 받침이 있는 글자는 어려워서 계속 틀렸습니다. 그래서 계속 틀리는 낱말은 외웠습니다. 마침내 국어 시간이 되어 받아쓰기를 했습니다. ㉠수아는 한 개를 틀려서 너무 속상했습니다. 하지만 선생님께서는 백 점 맞는 것보다는 열심히 하는 것이 중요하다고 하시며 잘했다고 칭찬해 주셨습니다.

08 이 글의 핵심 내용을 파악하여 빈칸에 들어갈 알맞은 어휘를 쓰시오.

{ ☐☐☐☐ 시험 보는 날 }

09 수아가 받아쓰기를 잘하기 위해 한 일을 골라 ✓표를 하시오.

☐ 교과서를 여러 번 읽어 보았다.
☐ 계속 틀리는 낱말은 빼고 받아쓰기를 연습했다.
☐ 엄마가 읽어 주시는 글을 받아쓰며 연습해 보았다.

10 ㉠의 수아에게 선생님이 해 주신 말씀으로 알맞은 것은?   [✎   ]

① 틀린 부분을 열 번씩 써 보렴.
② 쉬운 문제를 틀려서 아쉽구나.
③ 열심히 하는 것이 더 중요하단다.
④ 다음에는 꼭 백 점을 맞아야 한단다.
⑤ 두 개를 틀리면 안 되지만 한 개는 틀려도 된단다.

학교생활

자기 자리를 청소해요

흠집

흠   흠 欠

깨지거나 상한 자리나 흔적

정리하다

가지런하다	정 整
다스리다	리 理

어지러운 것을 한데 모으거나 치워서 가지런히 바로잡다.

인형   로봇
퍼즐   공

긁다

손톱이나 뾰족한 물건 따위로 문지르다.

닦다

더러운 것을 없애거나 매끄럽게 하기 위해 문지르다.

정답과 해설 15쪽

01 다음 어휘의 뜻으로 알맞은 어휘를 괄호 안에서 골라 ○표를 하시오.

> 긁다
>
> 뜻 손톱이나 (납작한 │ 뾰족한) 물건 따위로 (찌르다 │ 문지르다).

02 빈칸에 공통으로 들어갈 어휘로 알맞은 것은? [✏️   ]

> • 사탕을 먹고 이를 깨끗이 [   ].
>
> • 아빠가 더러워진 구두를 [   ].

① 쓰다 ② 낫다 ③ 닦다 ④ 적다 ⑤ 고치다

03 밑줄 그은 어휘와 뜻이 비슷한 어휘를 골라 ○표를 하시오.

> 카메라의 귀퉁이에 깨진 흔적이 있었다.

표시 자리 흠집

04 밑줄 그은 어휘에 대한 알맞은 설명을 괄호 안에서 골라 ○표를 하시오.

> 도준이는 책상을 정리했다.

1 '정돈하다'는 밑줄 그은 어휘와 뜻이 (비슷한 │ 반대인) 어휘다.

2 '어지르다'는 밑줄 그은 어휘와 뜻이 (비슷한 │ 반대인) 어휘다.

어법+표현 다져요

05 보기를 보고, 빈칸에 들어갈 알맞은 어휘를 쓰시오.

보기

| 흠 | + | -집 | → | 흠집 | : 깨지거나 상한 자리나 흔적 |

└ 물건이 깨지거나 상한 자국   └ 그것이 생긴 자리나 흔적의 뜻을 더하는 말

1 ⬚ + -집 → 칼집 : 요리를 만들 때 재료를 칼로 가볍게 베어낸 틈

2 ⬚ + -집 → 물집 : 피부가 부르터 그 속에 물이 고인 것

06 괄호 안에서 바르게 쓴 어휘를 골라 ○표를 하시오.

1 모기에 물린 곳을 (글겄다 | 긁었다).

2 먼지가 묻은 유리창을 깨끗이 (닦았다 | 닥았다).

3 오래된 침대를 (없애고 | 업새고) 새 침대를 샀다.

07 다음 말을 사용할 수 있는 상황으로 알맞은 것은?   [✎   ]

입을 닦다

이익 따위를 혼자 차지하거나 가로채고서는 모르는 체하다.

① 사람들이 모두 똑같은 말만 하는 상황
② 다른 사람과 미리 짜고 거짓말을 하는 상황
③ 재주가 뛰어난 사람이 아무런 노력도 하지 않는 상황
④ 잘못을 한 사람이 자신의 잘못을 끝까지 뉘우치지 않는 상황
⑤ 모둠 전체가 받은 상품을 한 사람이 다 가져간 후 말이 없는 상황

08~10 다음 글을 읽고, 물음에 답하시오.   학교생활

　지금부터 자기 자리를 청소할 거예요. 주위가 깨끗하면 기분이 좋아져요. 먼저 책상에 있는 지우개 가루 같은 먼지를 털어 내고, 우유를 먹다가 흘린 자국 등을 휴지로 닦아 주세요. 그리고 책상에 어지럽게 놓여 있는 연필을 필통 안에 가지런히 넣어 주세요. 책상 서랍 안에 뒤죽박죽 섞여 있는 물건들도 필요할 때 찾기 쉽도록 정리해 주세요. 물건들을 정리할 때는 끝이 뾰족한 것으로 다른 물건을 긁어 흠집이 생기지 않도록 주의해야 해요.

08 이 글의 핵심 내용을 파악하여 빈칸에 들어갈 알맞은 어휘를 쓰시오.

｛　　자기 □□를 정리하는 방법　　｝

09 자기 자리를 청소할 때 하는 일이 <u>아닌</u> 것은?　　[✎　　]

① 책상에 있는 먼지 털기
② 책상 위의 얼룩을 휴지로 닦기
③ 책상 서랍 안에 있는 물건들 정리하기
④ 가방 안에 있는 자기 물건들을 정리하기
⑤ 책상 위에 있는 연필을 필통 안에 가지런히 넣기

10 자기 자리를 정리할 때 주의할 점으로 알맞은 것에 ✔표를 하시오.

☐ 친구와 이야기하지 않는다.
☐ 정해진 시간 안에 정리를 끝마친다.
☐ 뾰족한 물건으로 다른 물건을 긁지 않도록 한다.

11 여름이 오면

과학 대기

햇볕
해가 내쏘는 뜨거운 기운

내리쬐다
볕 따위가 세차게 아래로 비치다.

햇볕이 내리쬐니까 물놀이가 더 재미있어.

머리가 다 젖었어.

무럭무럭

젖다
물이 배어 축축하게 되다.

트다
식물의 싹 따위가 벌어지다.

어휘를 넓혀요

01 빈칸에 들어갈 알맞은 어휘를 쓰시오.

뜨거운 ㅎ ㅂ 에 빨래가 잘 마른다.
└ 해가 내쏘는 뜨거운 기운

[✎   ]

02 빈칸에 공통으로 들어갈 알맞은 어휘를 골라 ○표를 하시오.

• 그늘도 없는 곳에 햇볕이 [   ] 땀이 흘렀다.

• 여름이 되어 햇볕이 쨍쨍 [   ] 사람들은 반팔을 입었다.

닦자   불어오자   내리쬐자

03 왼쪽 어휘와 뜻이 반대인 어휘를 골라 ✓표를 하시오.

젖다 | ☐적다 | ☐잠기다 | ☐마르다

04 밑줄 그은 어휘와 뜻이 비슷한 어휘를 골라 ✓표를 하시오.

하늘에서 햇볕이 내리쬐고 땅에서 식물들의 싹이 튼다.
↳ 비치고 ☐   ↳ 떠오른다 ☐
내리고 ☐   돋아난다 ☐

05 빈칸에 들어갈 알맞은 어휘를 보기에서 골라 쓰시오.

보기

맴맴	매미가 우는 소리
쨍쨍	햇볕 따위가 몹시 내리쬐는 모양
주룩주룩	굵은 물줄기나 빗물 따위가 빠르게 자꾸 흐르거나 내리는 소리나 모양

1 비가 [   ] 내려서 옷이 다 젖었다.

2 햇볕이 [   ] 비추니 너무 더워서 땀이 났다.

3 여름이 되자 나무 위에서 매미들이 [   ] 울었다.

06 밑줄 그은 어휘의 뜻을 보기에서 골라 그 기호를 쓰시오.

보기

트다

㉠ 식물의 싹 따위가 벌어지다. 예 봄에 싹이 트다.
㉡ 너무 마르거나 추워서 틈이 생겨 갈라지다. 예 입술이 트다.

1 씨앗을 심었더니 곧 싹이 <u>텄다</u>. (   )
2 추운 겨울이 되니 손등이 <u>텄다</u>. (   )

07 다음 속담을 사용할 수 있는 상황으로 알맞지 <u>않은</u> 것에 ✓표를 하시오.

가랑비에 옷 젖는 줄 모른다

'가랑비'는 가늘게 내리는 비이다. 이런 비를 맞으면 조금씩 젖기 때문에 옷이 젖는 줄을 알지 못한다. 하지만 한참 후에는 흠뻑 젖게 된다. 그래서 이 속담은 아무리 작은 것이라도 그것이 계속되면 무시하지 못할 정도로 크게 된다는 뜻을 지닌다.

☐ 세뱃돈을 받아 평소 갖고 싶었던 장난감을 샀다.
☐ 아침에 일어나기를 5분씩 미루다가 30분이나 늦게 일어났다.
☐ 과자가 오백 원이라 자주 샀더니 어느새 만 원 어치를 사 먹었다.

08~10 다음 글을 읽고, 물음에 답하시오.　　　　　　　　　과학 대기

　　여름이 되면 햇볕이 쨍쨍 내리쬡니다. 내리쬐는 햇볕을 그대로 받으면 피부가 타서 아플 수 있습니다. 그래서 여름에 밖에 나갈 때는 양산이나 모자, 자외선 차단제 등을 써서 햇볕을 막아야 합니다. 여름에는 날씨가 더워 땀도 많이 나기 때문에 물을 자주 마시는 것이 좋습니다. 또한 여름에는 여러 날을 계속해서 비가 내리는 장마가 있습니다. 장마 철에는 비가 주룩주룩 와서 우산을 써도 옷과 신발이 젖기 쉽고 빨래도 잘 마르지 않습니다. 하지만 여름은 식물들이 자라기에 좋은 계절입니다. 봄에 싹이 튼 식물들은 여름에 햇빛을 받고 비를 맞으며 무럭무럭 자랍니다.

08 이 글의 핵심 내용을 파악하여 빈칸에 들어갈 알맞은 어휘를 쓰시오.

｛ □□ 날씨의 특징 ｝

09 이 글에서 알 수 있는 여름의 모습이 <u>아닌</u> 것은?　　

① 사람들의 피부가 탄다.
② 더워서 땀이 많이 난다.
③ 햇볕이 강하게 내리쬔다.
④ 비가 계속 내리는 때가 있다.
⑤ 햇볕이 쨍쨍할 때 우산을 쓴다.

10 여름의 좋은 점으로 알맞은 것에 ✔표를 하시오.

□ 햇볕이 약하다.　　　□ 식물이 잘 자란다.　　　□ 물을 마시지 않아도 된다.

12

국어 문학

사자와 고래

친구와 화해했으니 다시는
안 싸울 거야.

화해

| 사이가 좋다 | 화 和 |
| 풀다 | 해 解 |

싸움을 그치고 다시 사이좋
게 지내다.

다짐

마음이나 뜻을 굳게 가다듬
어 정하다.

미안

도미노 조각을
나란히 세워야지.

나란히

여럿이 줄지어 늘어선 모양
이 가지런한 상태로

인정

| 알다 | 인 認 |
| 정하다 | 정 定 |

확실히 그렇다고 여기다.

01 그림을 보고, 괄호 안에서 알맞은 어휘를 골라 ○표를 하시오.

음식 옆에 젓가락이 (나란히 | 무사히) 놓여 있다.

02 다음 어휘의 뜻으로 알맞은 어휘를 괄호 안에서 골라 ○표를 하시오.

화해

뜻 (눈물을 | 싸움을) 그치고 다시 (사이좋게 | 차갑게) 지내다.

03 빈칸에 공통으로 들어갈 알맞은 어휘를 쓰시오.

- 그는 자신이 나쁜 짓을 했다고 ㅇ ㅈ 하였다.
- 진주는 요리 실력이 뛰어나다고 ㅇ ㅈ 받았다.
- 선우는 친구들에게 능력을 ㅇ ㅈ 받아 반장이 되었다.

[✎]

04 빈칸에 공통으로 들어갈 알맞은 어휘를 골라 ○표를 하시오.

나의 _____

- 나는 매일 1시간만 게임을 할 것을 _____ 한다.

- 나는 일주일에 한 권씩 책을 읽기로 _____ 한다.

다짐   느낌   소개

05 밑줄 그은 어휘의 뜻을 보기에서 골라 그 기호를 쓰시오.

> **보기**
>
> **인정**
>
> ㉠ 확실히 그렇다고 여기다.
>   예 그는 자신이 잘못했다고 인정을 했다.
> ㉡ 남을 가엾게 여기는 따뜻한 마음
>   예 옆집 아저씨는 겉으로는 무뚝뚝하지만 속으로는 인정이 넘친다.

1 그 친구는 모두에게 국어를 잘한다고 <u>인정</u>을 받았다. (   )

2 그 의사는 어려운 사람들을 돕는 <u>인정</u>이 많은 사람이다. (   )

06 밑줄 그은 어휘를 바르게 고쳐 빈칸에 쓰시오.

1 아이들은 한 줄로 <u>나란이</u> 선생님을 따라갔다.

↳

2 네가 하고 싶은 놀이가 무엇인지 <u>확실이</u> 말해.

↳

07 다음 한자 성어를 사용할 상황으로 알맞은 것은? [✐   ]

> **작심삼일**   작(作) 만들다   심(心) 마음   삼(三) 셋   일(日) 날
>
> 　단단히 다짐한 마음이 3일을 가지 못하고 느슨하게 풀어진다는 뜻이다. 다짐을 끝까지 지켜 나가기 어렵다는 뜻도 담겨 있다.

① 비가 오는데 우산이 없어서 옷이 다 젖었다.
② 동생과 싸우고 화해하지 않겠다고 고집을 부렸다.
③ 엄마에게 칭찬받으려고 신발을 가지런히 정리했다.
④ 영어 실력을 친구들이 인정해 주지 않아서 서운했다.
⑤ 매일 줄넘기를 하겠다고 생각했지만 하루만 하고 그만두었다.

08~10 다음 글을 읽고, 물음에 답하시오.   국어 문학

바다에서 가장 힘센 고래와 땅에서 가장 힘센 사자가 있었습니다. 둘은 서로의 힘이 세다는 것을 인정하고 친하게 지냈습니다. 어느 날 들소 떼가 혼자 있던 사자를 공격했습니다. 사자가 달아나자 들소 떼는 줄지어 나란히 사자를 쫓았습니다. 사자는 고래에게 가서 도와달라고 했지만 도움을 받을 수 없었습니다. 사자는 고래에게 왜 자신을 도와주지 않느냐고 화를 냈습니다. 그때 고래가 말했습니다.

"사자야, 너는 바다로 올 수 없고 나는 땅으로 갈 수 없잖아."

그 말을 들은 사자는 고래에게 화를 내서 미안하다고 말했고 둘은 화해했습니다. 고래와 사자는 사는 곳이 다르지만 서로에게 좋은 친구가 되기로 다짐했습니다.

08 이 글의 핵심 내용을 파악하여 빈칸에 들어갈 알맞은 어휘를 쓰시오.

{ 고래가 ⬜⬜ 를 도울 수 없는 이유 }

09 고래와 사자의 공통점으로 알맞은 것에 ✓표를 하시오.

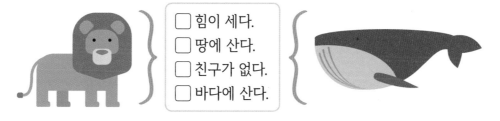

- ☐ 힘이 세다.
- ☐ 땅에 산다.
- ☐ 친구가 없다.
- ☐ 바다에 산다.

10 고래가 사자를 도와주지 <u>못한</u> 이유로 알맞은 것은?   [✎　　]

① 사자보다 힘이 약하다.
② 사자와 사는 곳이 다르다.
③ 사자에게 화가 나 있었다.
④ 들소가 도와주지 말라고 했다.
⑤ 사자가 위험하다는 것을 몰랐다.

13

사회 사회·문화

버스를 타요

노약자

늙다	노	老
약하다	약	弱
사람	자	者

늙거나 약한 사람

정류장

머무르다	정	停
머무르다	류	留
마당	장	場

버스나 택시 따위가 사람을 태우거나 내려 주기 위하여 머무르는 곳

지하철로 갈아타야지.

우리는 쌍둥이라서 꼭 닮았어.

갈아타다

타고 가던 것에서 내려 다른 것으로 바꾸어 타다.

닮다

사람 또는 사물이 서로 비슷한 생김새나 성질을 지니다.

01 빈칸에 들어갈 알맞은 어휘를 쓰시오.

버스를 타니 안내 방송이 나왔다.

"내리실 분은 버스가 ❶ ㅈ ㄹ ㅈ 에 서기 전에 벨을 눌러 주세요."
└ 버스가 사람을 태우거나 내려 주기 위해 머무르는 곳

"❷ ㄴ ㅇ ㅈ 를 위해 자리를 양보해 주세요."
└ 늙거나 약한 사람

❶ [✎   ]   ❷ [✎   ]

02 밑줄 그은 말과 뜻이 비슷한 어휘를 골라 ○표를 하시오.

이번 역에서 내려서 다른 버스로 <u>바꾸어 타려고</u> 한다.

갈아타려고   갈아입으려고   갈아엎으려고

03 밑줄 그은 어휘와 뜻이 비슷한 어휘를 골라 ○표를 하시오.

아빠 기린과 아기 기린의 생김새가 <u>닮다</u>.

다르다   비슷하다   사이좋다

04 '자(者)' 자가 들어간 보기 의 어휘 중 빈칸에 알맞은 어휘를 골라 쓰시오.

보기
과학자(科學者)   소비자(消費者)   발표자(發表者)

1 이번에 자기소개를 할 [   ]는 앞으로 나오세요.
└ 발표를 하는 사람

2 [   ]는 자신이 사려고 하는 물건을 고를 수 있다.
└ 물건을 돈을 주고 사서 쓰는 사람

3 그는 바다에 사는 여러 가지 동물들을 연구하는 [   ]이다.
└ 과학을 전문으로 연구하는 사람

05 보기를 보고, 밑줄 그은 부분을 고쳐 쓰시오.

> 보기
>
> 받침 'ㄻ'
>
> • 'ㄹ'과 'ㅁ'을 붙여 쓴 글자로, '리을미음'이라고 읽는다. 받침에만 쓴다.
> • 받침 'ㄻ'이 쓰인 어휘: 삶다, 굶다, 닮다

1 나와 우리 아빠는 얼굴이 <u>담다</u>. →

2 먹을 것이 없어서 하루 종일 <u>굼다</u>. →

3 간식으로 먹으려고 고구마를 <u>삼다</u>. →

06 밑줄 그은 어휘와 뜻이 반대인 어휘를 보기에서 골라 쓰시오.

> 보기
>
> 늙다   같다   강하다

1 우리 선생님은 예쁘고 <u>젊다</u>. ⟷

2 이 어휘는 저 어휘와 뜻이 <u>다르다</u>. ⟷

3 나는 우리 반에서 힘이 가장 <u>약하다</u>. ⟷

07 다음 한자 성어를 알맞지 <u>않게</u> 사용한 문장에 ✓표를 하시오.

> 남녀노소   남(男) 남자 녀(女) 여자 노(老) 늙다 소(少) 젊다
>
> 남자와 여자, 늙은이와 젊은이라는 뜻으로 모든 사람을 이르는 말이다.

☐ 그 노래는 남녀노소 누구나 좋아한다.
☐ 청바지는 놀 때나 일할 때나 남녀노소 즐겨 입는 옷이다.
☐ 우리 반에서는 남자아이들과 여자아이들이 남녀노소 함께 논다.

08~10 다음 글을 읽고, 물음에 답하시오. `사회` `사회·문화`

　우리 반 친구들은 선생님과 함께 소방서로 안전 체험 교육을 받으러 갔습니다. 소방서는 버스를 한 번 갈아타야 갈 수 있는 곳에 있습니다. 우리들은 학교 앞에서 200번 버스를 타고 '자연 공원' 정류장에서 내렸습니다. 그리고 그 정류장에서 400번 버스로 갈아탔습니다. 버스들이 모두 비슷비슷하게 닮아서 번호를 잘 보고 타야 했습니다. 버스 안에는 노란색 자리가 몇 개 있었습니다. 선생님께서 그 자리들은 노약자를 위한 자리라고 하셨습니다. 우리들은 그 자리에 앉지 않고 우리와 함께 타신 할머니께 그 자리를 양보했습니다.

08 이 글의 핵심 내용을 파악하여 빈칸에 들어갈 알맞은 어휘를 쓰시오.

{ 　　　　를 갈아탄 일과 버스 안의 노약자 자리 　　　　 }

09 버스를 갈아탈 때 주의할 점으로 알맞은 것은?

① 학교 앞에서만 탄다.
② 같은 번호의 버스를 탄다.
③ 버스 번호를 잘 보고 탄다.
④ 생김새가 닮은 버스를 탄다.
⑤ 반대쪽 정류장으로 가서 탄다.

10 버스 안에 있는 노약자를 위한 자리는 어떤 색인지 ○표를 하시오.

노란색　　분홍색　　초록색　　빨간색

수학 도형

14 △모양과 □모양

반듯하다

기울거나 굽거나 찌그러지지 않고 바르다.

대다

어떤 도구나 물건을 써서 일을 하다.

□모양을 반듯하게 그려야지.

동그랗게 선을 그어야지.

칼을 대고 자를 때는 날에 베지 않도록 조심해야 해.

긋다

어떤 부분을 나타내기 위하여 금이나 줄을 그리다.

날

어떤 일을 하는 데 쓰는 도구의 가장 얇고 날카로운 부분

01 빈칸에 공통으로 들어갈 알맞은 한 글자를 쓰시오.

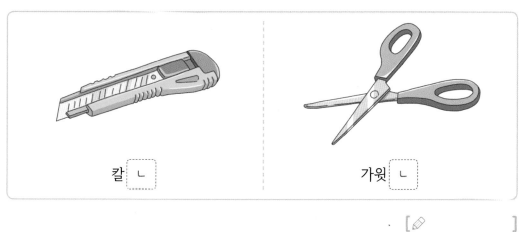

칼 [ㄴ]

가윗 [ㄴ]

[✎   ]

02 빈칸에 들어갈 알맞은 어휘를 쓰시오.

달리기를 하기 위해 바닥에 출발선을 [ㄱ] [ㄷ].

↳어떤 부분을 나타내기 위해 금이나 줄을 그리다.

[✎   ]

03 빈칸에 공통으로 들어갈 알맞은 어휘를 골라 ○표를 하시오.

• 우찬이는 가위를 [   ] 종이를 잘랐다.

• 서우는 도화지에 붓을 [   ] 그림을 그렸다.

놓고   대고   만들고

04 밑줄 그은 어휘와 뜻이 반대인 어휘를 골라 ○표를 하시오.

도진이는 모자를 <u>반듯하게</u> 썼다.

곧게   비뚤게   바르게

어법+표현 다져요

05 보기를 보고, 괄호 안에서 알맞은 어휘를 골라 ○표를 하시오.

> **보기**
>
> | 반드시 | 꼭, 틀림없이 |
> |---|---|
> | 반듯이 | 기울거나 굽지 않고 바르게 |
>
> → '반드시'와 '반듯이'는 모두 [반드시]로 소리 나지만, 뜻은 다르므로 서로 구별해서 써야 한다.

1 은정이는 천장을 향해 (반드시 ┃ 반듯이) 누웠다.

2 늦으면 안 되니까 (반드시 ┃ 반듯이) 시간에 맞추어 와.

06 밑줄 그은 어휘의 뜻을 보기에서 골라 그 기호를 쓰시오.

> **보기**
>
> **대다**
>
> ㉠ 무엇을 어디에 닿게 하다. **예** 휴대 전화 화면에 손가락을 대다.
> ㉡ 어떤 도구나 물건을 써서 일을 하다. **예** 밥을 먹으려고 숟가락을 대다.
> ㉢ 차, 배 따위의 탈것을 멈추어 서게 하다. **예** 항구에 배를 대다.

1 가위를 대고 종이를 잘랐다. (   )

2 주차장에 차를 대고 놀이공원에 들어갔다. (   )

3 아이가 장난감 전화기를 귀에 대고 놀고 있다. (   )

07 밑줄 그은 속담의 뜻으로 알맞은 것에 ✓표를 하시오.

> 민준이는 엄마 얼굴을 그리는 숙제를 누나에게 해 달라고 하였다. 그 사실을 안 엄마는 민준이에게 "너는 손 안 대고 코 풀려고 하는구나. 네 숙제는 네가 직접 해야지."라고 말씀하셨다. 엄마 말씀을 듣고 민준이는 머쓱해하며 스스로 숙제를 하였다.

☐ 일을 힘 안 들이고 아주 쉽게 해치운다는 말
☐ 꾸준히 노력하면 어려운 일도 해낼 수 있다는 말
☐ 무슨 일이든 여러 사람이 힘을 합치면 쉽게 할 수 있다는 말

08~10 다음 글을 읽고, 물음에 답하시오.　　　　수학 도형

　　왼쪽과 같은 △모양의 도형을 '삼각형', 오른쪽과 같은 □모양의 도형을 '사각형'이라고 합니다. 삼각형은 곧은 선 3개로 둘러싸인 도형이므로 곧은 선 3개를 만나게 그어 그릴 수 있고, 사각형은 곧은 선 4개로 둘러싸인 도형이므로 곧은 선 4개를 만나게 그어 그릴 수 있습니다. 종이로 삼각형과 사각형 모양을 만들어 봅시다. 먼저 종이 위에 반듯하게 자를 대고 곧은 선을 그리는 연습을 합니다. 곧은 선 그리기가 익숙해지면, 곧은 선 3개로 둘러싸인 삼각형과 곧은 선 4개로 둘러싸인 사각형을 그립니다. 그리고 그린 선에 가위를 대고 삼각형과 사각형 모양을 오립니다. 가위를 쓸 때는 가위의 날이 날카로우니 손을 다치지 않도록 조심해야 합니다.

08 이 글의 핵심 내용을 파악하여 빈칸에 들어갈 알맞은 어휘를 쓰시오.

{ 종이로 ☐☐☐과 사각형을 만드는 방법 }

09 자를 대고 삼각형과 사각형을 각각 그리시오.

삼각형 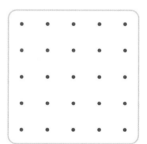　　　사각형

10 이 글에 대한 설명으로 알맞은 것을 골라 ✓표를 하시오.
☐ 사각형은 곧은 선 3개로 둘러싸인 도형이다.
☐ 자를 반듯하게 대고 선을 그으면 굽은 선이 그려진다.
☐ 가위로 종이를 오릴 때는 가위의 날에 다치지 않도록 조심한다.

15

과학 물질

모여서 공부해요

게시판

여러 사람에게 알리기 위한 글·그림·사진 따위를 붙이는 판

조심

| 잡다 | 조 | 操 |
| 마음 | 심 | 心 |

잘못이나 실수가 없도록 말이나 행동에 마음을 쓰다.

손을 안 다치게 조심해야지.

조심 조심

모둠끼리 의논해 보세요.

모둠

학교에서, 학습을 하려고 몇 사람씩 묶은 모임

의논

| 의견 | 의 | 議 |
| 말하다 | 논 | 論 |

어떤 일에 대하여 서로 의견을 주고받다.

01 빈칸에 들어갈 알맞은 어휘를 쓰시오.

교실 뒤에는 큰 ❶ ㄱ ㅅ ㅍ 이 있어요. 여기에 우리 반 친구들이 함께 그린 그림을 붙일 거예요. 선생님이 4명씩 ❷ ㅁ ㄷ 을 짜 줄게요. 4명이 함께 큰 종이에 교실 뒤에 붙일 그림을 그려 보세요.

❶ [✎   ]   ❷ [✎   ]

02 다음 어휘의 뜻으로 알맞은 어휘를 괄호 안에서 골라 ○표를 하시오.

의논

뜻 어떤 일에 대하여 (자신의 ┃ 서로) 의견을 (주장하다 ┃ 주고받다).

03 밑줄 그은 어휘와 뜻이 비슷한 어휘를 골라 ○표를 하시오.

바닥이 미끄러우니 <u>주의해서</u> 걸으세요.

붙어서   정리해서   조심해서

04 '심(心)' 자가 들어간 보기의 어휘 중 빈칸에 알맞은 어휘를 골라 쓰시오.

보기
애국심(愛國心)   심장(心臟)

1 좋아하는 진우를 보니까 [   ] 이 두근두근하다.
└ 몸의 일부분으로, '마음'을 비유적으로 표현하는 말

2 애국가는 우리나라에 대한 [   ] 을 표현한 노래입니다.
└ 나라를 사랑하는 마음

05 모양을 나타내는 어휘와 그 뜻을 선으로 바르게 이으시오.

1 조심조심 •

2 살금살금 •

3 반짝반짝 •

• ㉠ 작은 빛이 잠깐 잇따라 나타났다가 사라지는 모양

• ㉡ 잘못이나 실수가 없도록 말이나 행동에 매우 마음을 쓰는 모양

• ㉢ 남이 알아차리지 못하도록 눈치를 살펴 가며 살며시 행동하는 모양

06 밑줄 그은 어휘를 바르게 고쳐 빈칸에 쓰시오.

1 오늘은 우리 모듬이 발표하는 날이다.

2 교실 계시판에 소풍 안내문이 붙어 있다.

3 엄마는 나와 한마디 으논도 없이 마음대로 할 일을 결정했다.

07 밑줄 그은 말의 뜻으로 알맞은 것에 ✓표를 하시오.

• 삼 형제는 머리를 맞대고 공주를 구할 방법을 생각했다.
• 학생들은 누가 반장이 되면 좋을지 정하기 위해 머리를 맞댔다.

☐ 정신 못 차리게 몹시 바쁘다.
☐ 분명하지 않은 생각이 계속 떠오르다.
☐ 어떤 일을 의논하거나 정하기 위해 서로 마주 대하다.

08~10 다음 글을 읽고, 물음에 답하시오. 　　과학 　물질

　　오늘은 모둠끼리 모여서 '공기'가 있는지 알아보는 탐구 활동을 해 볼게요. 교실 뒤편의 게시판에 모둠을 짜서 붙여 놓았어요. 게시판에서 자신의 모둠이 어디인지 확인한 후, 모둠 친구들과 함께 모여 앉으세요. 책상 위에 놓인 종이에 탐구 활동을 하는 방법이 적혀 있어요. 종이에 적힌 순서대로 모둠 친구끼리 서로 도우면서 탐구 활동을 해 보세요. 활동을 할 때 물이 든 그릇을 사용하니 물을 쏟지 않도록 조심해야 해요. 탐구 활동을 마치면 모둠 친구들과 함께 왜 공기가 있다고 생각하는지 의논해 보세요. 그리고 의논한 내용으로 탐구 활동 결과를 적어 두세요.

08 이 글의 핵심 내용을 파악하여 빈칸에 들어갈 알맞은 어휘를 쓰시오.

　　☐☐ 가 있는지 알아보는 탐구 활동

09 교실 뒤편 게시판에서 확인할 수 있는 내용으로 알맞은 것은?　[✎　]

① 친구들의 사진
② 내가 속한 모둠
③ 탐구 활동의 순서
④ 탐구 활동의 결과
⑤ 탐구 활동을 잘하는 방법

10 탐구 활동을 할 때 조심할 점에 ✔표를 하시오.

☐ 그릇에 든 물을 쏟지 않는다.　　☐ 공기가 부족하게 만들지 않는다.　　☐ 물이 묻은 그릇을 깨끗이 닦는다.

16

순서를 지켜요

차례

순서	차 次
규칙	례 例

둘 이상의 것을 하나하나 벌여 나가는 순서

줄짓다

줄을 이루다.

급식실

차례대로 줄을 서세요.

끼어들지 말고 정직하게 행동해야지.

끼어들다

자기 순서나 자리가 아닌 틈 사이를 비집고 들어서다.

정직

바르다	정 正
곧다	직 直

마음에 거짓이나 꾸밈이 없어 바르고 곧다.

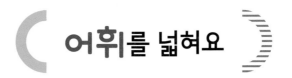

01 빈칸에 공통으로 들어갈 어휘를 골라 ◯표를 하시오.

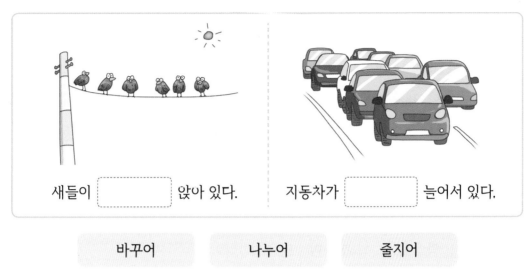

새들이 [   ] 앉아 있다.   지동차가 [   ] 늘어서 있다.

바꾸어   나누어   줄지어

02 다음 어휘의 뜻으로 알맞은 어휘를 골라 ◯표를 하시오.

새치기

뜻 순서를 어기고 남의 자리에 슬며시 [   ] 행동

자기 순서나 자리가 아닌 틈 사이를 비집고 들어서다.

쫓아내는   끼어드는   밀어내는

03 밑줄 그은 어휘가 알맞게 쓰이지 <u>않은</u> 문장을 골라 ✓표를 하시오.

☐ <u>정직한</u> 사람은 거짓말을 하지 않는다.
☐ 현수는 어려운 수학 문제를 풀만큼 <u>정직하다</u>.
☐ 도진이는 자신이 거울을 깼다고 선생님께 <u>정직하게</u> 말했다.

04 밑줄 그은 어휘와 뜻이 비슷한 어휘를 골라 ◯표를 하시오.

의자에 앉아서 <u>차례</u>를 기다리세요.

순서   주위   자리

05 보기를 보고, 바르게 띄어 쓴 문장에 ✓표를 하시오.

보기

• 낱말과 낱말은 띄어 씁니다.

예 | 학 | 교 | | 간 | 다 | . |

• '이, 가, 은, 는, 을, 를, 에게, 께서, 에서'와 같은 말은 앞말과 붙여 씁니다.

예 | 형 | 이 | | 빵 | 을 | | 주 | 었 | 다 | . |

• '것'은 앞말과 띄어 씁니다.

예 | 누 | 나 | 는 | | 모 | 르 | 는 | | 것 | 이 | | 없 | 다 | . |

☐ | 먹 | 을 | | 것 | 이 | 많 | 다 | . |

☐ | 마 | 실 | | 것 | 을 | | 주 | 세 | 요 | . |

☐ | 선 | 생 | 님 | | 께 | 서 | | 나 | 를 | | 칭 | 찬 | 하 | 셨 | 다 | . |

06 밑줄 그은 어휘를 바르게 고쳐 빈칸에 쓰시오.

1 음식점 앞에 사람들이 <u>줄짓어</u> 서 있다. → ☐☐☐

2 나는 친구들 사이에 <u>끼여들었다</u>. → ☐☐☐☐

07 밑줄 그은 속담의 뜻으로 알맞은 것은? [✏]

할아버지 생신이라서 온 가족이 저녁 식사를 하였다. 맛있는 반찬을 본 나는 먼저 젓가락을 들고 반찬을 집었다. 엄마는 "<u>찬물도 위아래가 있는데</u> 할아버지께서 먼저 드셔야지." 하며 나를 나무라셨다.

① 꼭 같이 붙어 다니는 관계이다.
② 부모의 말을 잘 들으면 좋은 일이 생긴다.
③ 아이들이 볼 때는 말과 행동을 조심해야 한다.
④ 무슨 일이든 순서가 있으니 차례를 따라야 한다.
⑤ 윗사람이 바르게 행동해야 아랫사람도 바르게 행동한다.

08~10 다음 글을 읽고, 물음에 답하시오. 　사회　생활

　　은서는 가족들과 놀이공원에 놀러 갔습니다. 놀이 기구를 타려는 사람이 많아서 줄을 서야 했습니다. 줄을 선 은서는 새치기를 하여 줄에 <u>끼어드는</u> 사람을 보았습니다. 은서는 <u>줄지어</u> 서서 순서를 기다리는 사람들 사이에 끼어드는 것은 <u>정직하지</u> 못한 행동이라고 생각했습니다. 화가 난 은서에게 부모님은

　　"질서는 <u>차례</u>를 지키는 것에서 시작된단다. 차례를 지키면 여러 사람들이 안전하고 편리하게 생활할 수 있어."

하고 말씀하시며 은서의 생각을 칭찬해 주셨습니다.

08 이 글의 핵심 내용을 파악하여 빈칸에 들어갈 알맞은 어휘를 쓰시오.

{ 　□□를 지켜야 하는 이유 　}

09 다음 중 차례를 지키지 <u>않은</u> 사람의 이름을 쓰시오.

무조건 줄의 제일 앞으로 가서 섰어. 　푸름

순서를 지켜서 버스에 탔어. 　수호

공연장에 들어가려고 줄을 섰어. 　유진

[　　　　　]

10 부모님이 말씀하신 차례를 지키면 좋은 점으로 알맞은 것은? [　　]

① 공부를 잘할 수 있다.
② 선생님께 혼나지 않는다.
③ 부모님께 칭찬받을 수 있다.
④ 안전하고 편리하게 생활할 수 있다.
⑤ 친구들 사이에서 인기를 얻을 수 있다.

17

수학 연산

몇 개 더 가졌을까

묶음

묶어 놓은 덩이를 세는 단위

가르다

쪼개거나 나누어 따로따로 되게 하다.

거꾸로

차례, 방향, 형편 따위가 반대로 되게

세다

사람이나 물건의 수를 헤아리거나 꼽다.

01 다음 어휘의 뜻으로 알맞은 어휘에 ○표를 하시오.

> **거꾸로**
>
> 뜻 차례, 방향, 또는 형편 따위가 [　　　　] 되게

　　　똑같이　　　　반대로　　　　그대로

02 그림을 보고, 빈칸에 공통으로 들어갈 알맞은 어휘를 쓰시오.

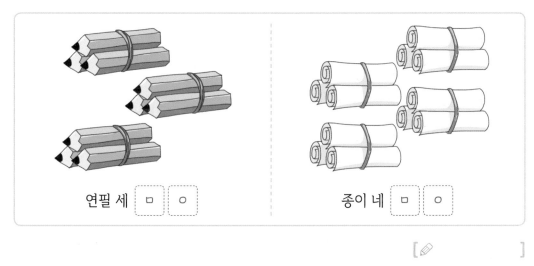

연필 세 ▢ ○　　　　　종이 네 ▢ ○

[✎　　　　　　　　　]

03 밑줄 그은 어휘가 알맞게 쓰이지 <u>않은</u> 문장을 골라 ✔표를 하시오.

> ☐ 먹고 남은 사탕의 수를 <u>세다</u>.
> ☐ 숨바꼭질의 술래가 되어 열을 <u>세다</u>.
> ☐ 오늘 연극을 보러 몇 명이 왔는지 <u>세다</u>.
> ☐ 바지를 잘라 입으려고 바지의 길이를 <u>세다</u>.

04 밑줄 그은 어휘와 뜻이 비슷한 어휘를 골라 ○표를 하시오.

> 선생님께서 우리 반 친구들을 남자와 여자로 <u>갈라</u> 줄을 세우셨다.
> ↳ 나눠　|　합쳐　|　줄지어

05 보기를 보고, 괄호 안에서 알맞은 어휘를 골라 ○표를 하시오.

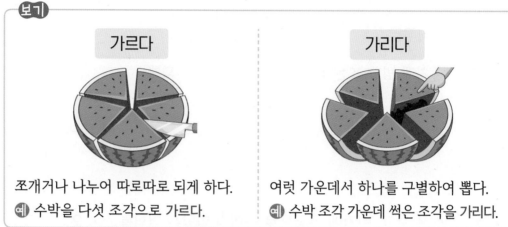

보기

가르다	가리다
쪼개거나 나누어 따로따로 되게 하다.	여럿 가운데서 하나를 구별하여 뽑다.
예 수박을 다섯 조각으로 가르다.	예 수박 조각 가운데 썩은 조각을 가리다.

1 학생들이 쓴 여러 답 중에서 맞는 답을 (가리다 ┃ 가르다).

2 가위바위보를 해서 청팀과 백팀으로 편을 (가리다 ┃ 가르다).

06 그림을 설명하기에 알맞은 어휘를 보기에서 골라 쓰시오.

보기

개(個)	하나하나로 된 물건을 세는 단위 예 사과 한 개
묶음	묶어 놓은 덩이를 세는 단위 예 종이 한 묶음

1
볼펜 한 ☐

2
볼펜 한 ☐

07 밑줄 그은 말의 뜻으로 알맞은 것을 골라 ✓표를 하시오.

하민이는 좋아하는 반찬이 없어서 밥을 천천히 먹고 있었다. 그 모습을 본 하민이의 어머니께서 "식탁에서 밥알을 세고 있는 것을 보니 밥맛이 없나 보구나."라고 말씀하셨다.

☐ 일을 매우 쉽게 생각하다.
☐ 다른 사람 집에서 밥을 얻어먹다.
☐ 밥을 잘 먹지 않고 억지로 느릿느릿 밥을 먹다.

08~10 다음 글을 읽고, 물음에 답하시오. 수학 연산

 호랑이와 사자가 함께 놀다 배가 고파졌습니다. 마침 맛있는 곶감이 있었습니다. 호랑이가 곶감을 세었는데, 모두 9개였습니다. 호랑이는 곶감을 5개와 4개로 갈라 두 묶음으로 만들었습니다. 호랑이는 곶감 5개는 노란색 주머니에, 곶감 4개는 파란색 주머니에 넣었습니다. 그리고 자신이 노란색 주머니를 갖고, 사자에게 파란색 주머니를 주었습니다. 사자는 파란색 주머니에 든 곶감이 적을 것이라고 생각했습니다. 그래서 사자는 거꾸로 자신이 노란색 주머니를 갖고, 호랑이가 파란색 주머니를 갖자고 말했습니다. 당황한 호랑이는 사자에게 사실은 노란색 주머니에 곶감이 더 들어 있다고 말했습니다. 노란색 주머니에는 파란색 주머니보다 곶감이 몇 개 더 들어 있을까요?

08 이 글에서 묻고 있는 내용을 쓰시오.

{ 사자와 호랑이가 가진 ☐☐의 개수 차이 }

09 빈칸에 알맞은 곶감의 개수를 쓰시오.

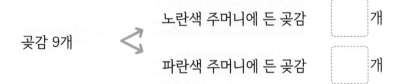

곶감 9개

노란색 주머니에 든 곶감 ☐개

파란색 주머니에 든 곶감 ☐개

10 빈칸에 알맞은 숫자를 써넣어 문제의 풀이 과정을 완성하고 답을 구하시오.

풀이 과정 ☐ − ☐ = ☐ 이므로, 노란색 주머니에는 파란색 주머니보다 곶감이 ☐개 더 들어 있다.

과학 생물

새싹에게 필요한 것

방을 뒤덮은 먼지를 치우고 있는데 방해를 하는구나.

뒤덮다

빈 데가 없이 온통 덮다.

방해

방해하다	방 妨
해롭다	해 害

남의 일을 간섭하고 막아 나쁜 영향을 끼치다.

착각

어긋나다	착 錯
깨닫다	각 覺

어떤 물건이나 사실을 실제 와 다르게 알거나 생각하다.

꺾다

길거나 단단한 물체를 구부 려 다시 펴지지 않게 하거나 끊어지게 하다.

어휴, 심한 착각을 하는구나.

가지를 꺾어서 2개를 심으면 큰 나무 2개가 되겠죠?

톡

01 빈칸에 공통으로 들어갈 알맞은 어휘를 쓰시오.

- 수요일을 화요일로 ㅊ ㄱ 해서 약속을 못 지켰다.
- 다른 강아지를 보고 우리 집 강아지라고 ㅊ ㄱ 했다.

[✎]

02 밑줄 그은 어휘의 뜻으로 알맞은 것을 골라 ✓표를 하시오.

방해하다

뜻 남의 일을 간섭하고 막아 나쁜 영향을 끼치다.

◯ 직접 관계가 없는 남의 일에 참견하다.
◯ 잘못이나 실수가 없도록 말이나 행동에 마음을 쓰다.
◯ 자기 순서나 자리가 아닌 틈 사이를 비집고 들어서다.

03 밑줄 그은 어휘가 알맞게 쓰이지 않은 문장을 골라 ✓표를 하시오.

◯ 먹구름이 맑은 하늘을 뒤덮다.
◯ 먼지가 길가에 있는 나무들을 뒤덮다.
◯ 비가 많이 와서 흙탕물이 공원을 뒤덮다.
◯ 아기가 장난감을 찾으려 바구니를 뒤덮다.

04 밑줄 그은 어휘와 뜻이 비슷한 어휘를 골라 ◯표를 하시오.

나무꾼이 나뭇가지를 꺾었다.

붙였다   눌렀다   부러트렸다

05 밑줄 그은 어휘의 뜻을 보기에서 골라 그 기호를 쓰시오.

> 보기
>
> **꺾다**
>
> ㉠ 경기나 싸움에서 상대를 이기다.
> > 예 결승전에서 우리가 미국을 꺾다.
>
> ㉡ 생각이나 기운 따위를 제대로 펴지 못하게 억누르다.
> > 예 고집을 꺾다.
>
> ㉢ 길거나 단단한 물체를 구부려 다시 펴지지 않게 하거나 끊어지게 하다.
> > 예 나뭇가지를 꺾다.

1 그 사람은 결국 자신의 의지를 꺾었다. (   )

2 마당에 피어 있는 꽃을 몇 송이 꺾었다. (   )

3 올림픽 탁구 결승전에서 한국이 프랑스를 꺾었다. (   )

06 밑줄 그은 어휘를 바르게 고쳐 빈칸에 쓰시오.

1 머리끈을 세게 잡아당겼더니 끈어졌다. → ☐☐☐☐

2 겨울에는 하얀 눈이 온 세상을 뒤덮는다. → ☐☐☐☐

07 다음 속담의 뜻으로 알맞은 것에 ✔표를 하시오.

> **구더기 무서워 장 못 담글까**
>
> 옛날 사람들에게 된장이나 간장 같은 장은 꼭 필요한 먹을거리였습니다. 장에는 종종 구더기 같은 벌레가 생기는 경우가 있었습니다. 하지만 구더기가 생겨도 그 부분만 걷어내면 장을 먹을 수 있었습니다. 꼭 필요한 먹을거리였기에 구더기가 생기더라도 장은 꼭 만들어야 하는 음식이었습니다.

☐ 남의 일에 참견하거나 방해를 한다.
☐ 거의 다 된 일을 망쳐 놓거나 방해한다.
☐ 조금 방해되는 것이 있다 해도 마땅히 할 일은 해야 한다.

08~10 다음 글을 읽고, 물음에 답하시오. 　　　　　　　　　　　　　과학 생물

　　새싹들이 들판을 뒤덮고 있습니다. 땅 위를 연두색 물감으로 색칠했다고 착각할 수도 있을 것 같습니다. 이 많은 새싹들이 어떻게 자란 것일까요? 새싹이 자라는 데에는 햇빛이 꼭 필요합니다. 새싹은 햇빛을 받아 영양분을 만들기 때문입니다. 그래서 새싹이 햇빛을 쬐는 데 방해가 되는 커다란 나뭇가지들을 꺾어 주기도 합니다. 새싹이 자라는 데에는 물도 필요합니다. 물이 없으면 새싹은 시들어 버립니다. 새싹이 뿌리를 내릴 흙도 꼭 필요합니다. 흙 속에는 새싹이 자랄 때 필요한 여러 영양분이 있습니다. 햇빛, 물, 흙의 도움 속에서 새싹은 쑥쑥 자랍니다.

08 이 글의 핵심 내용을 파악하여 빈칸에 들어갈 알맞은 어휘를 쓰시오.

{ 　　□□이 자라는 데 필요한 것　　 }

09 새싹이 자라는 데 필요한 대상이 아닌 것에 ✔표를 하시오.

　물　　　　　흙　　　　　벌레　　　　　햇빛

10 새싹 주변에 있는 커다란 나뭇가지를 자르는 이유로 알맞은 것은? [　✐　　]
① 새싹이 햇빛을 더 잘 받게 하려고
② 사람들이 새싹을 잘 볼 수 없을까 봐
③ 나뭇가지를 잘라 새싹 주위에 심으려고
④ 나뭇가지가 바람에 떨어져 새싹이 상할까 봐
⑤ 동물이나 사람이 새싹 쪽으로 갈 때 방해가 되어서

사회 생활

19 나눔 장터에서

상대

| 서로 | 상 | 相 |
| 마주하다 | 대 | 對 |

서로 마주 대하다.

사과

| 잘못을 빌다 | 사 | 謝 |
| 잘못 | 과 | 過 |

자기의 잘못을 인정하고 용서를 빌다.

최대한

가장	최	最
크다	대	大
한계	한	限

가능한 한 가장 많이

서두르다

일을 빨리 해치우려고 급하게 움직이다.

01 빈칸에 들어갈 알맞은 말을 쓰시오.

• 그 의사는 매일 많은 환자를 ❶ ㅅ ㄷ 한다.

• 좋아하는 과자를 ❷ ㅊ ㄷ ㅎ 많이 먹고 싶다.

❶ [✎   ]   ❷ [✎   ]

02 밑줄 그은 어휘가 알맞게 쓰이지 <u>않은</u> 문장을 골라 ✔표를 하시오.

☐ 기차 시간에 늦지 않으려고 <u>서두르다</u>.

☐ 바쁘게 <u>서두르다가</u> 옷을 뒤집어 입었다.

☐ 동생은 병원에 가기 싫어 느릿느릿 <u>서둘렀다</u>.

03 밑줄 그은 말과 뜻이 비슷한 어휘를 골라 ○표를 하시오.

친구와 다툰 후에 친구에게 <u>용서를 빌고</u>, 친하게 지내자고 말했다.

기억하고   반성하고   사과하고

04 '최(最)' 자가 들어간 보기의 어휘 중 빈칸에 알맞은 어휘를 골라 쓰시오.

보기

최대(最大)   최소(最小)

1 텔레비전의 소리를 [   ]로 올렸다.

↳ 수나 양, 정도 따위가 가장 크다.

2 이곳에 가려면 [   ] 한 시간은 걸린다.

↳ 수나 정도 따위가 가장 작다.

05 보기를 보고, 괄호 안에서 알맞은 어휘를 골라 ○표를 하시오.

> **보기**
>
> | 서두르다 | 일을 빨리 해치우려고 급하게 움직이다. |
> |---|---|
> | | 예 학교에 늦을까 봐 걸음을 서두르다. |
> | 서투르다 | 일에 익숙하지 못하다. |
> | | 예 동생은 아직 젓가락질이 서투르다. |

1 한 번도 해 본 적 없는 일이라 (서두르다 | 서투르다).

2 나는 약속 시간에 맞추어 도착하기 위해 (서둘렀다 | 서툴렀다).

06 밑줄 그은 어휘를 바르게 쓴 사람의 이름을 쓰시오.

> 은혜: <u>서둘르지</u> 않아서 지각을 했다.

> 정현: <u>서둘르다가</u> 필통을 두고 왔다.

> 준호: 탐험가는 <u>서둘러</u> 여행을 떠났다.

[   ]

07 밑줄 그은 한자 성어의 뜻으로 알맞은 것에 ✓표를 하시오.

> **대동소이**   대(大) 크다   동(同) 같다   소(小) 작다   이(異) 다르다
>
> 현우와 은수는 키를 잴 때마다 항상 키가 비슷하다. 이번에 재 보니 현우와 은수의 키는 <u>대동소이(大同小異)</u>했다.

☐ 크게 차이가 나다.

☐ 큰 차이가 없이 거의 같다.

☐ 크게 보면 다르고 작은 부분만 같다.

08~10 다음 글을 읽고, 물음에 답하시오. **사회 생활**

웅이네 교실에서 '나눔 장터'가 열렸습니다. 나눔 장터는 자신이 쓰지 않는 물건을 필요한 사람에게 싸게 파는 곳입니다. 가게 주인이 된 웅이는 서둘러서 돗자리를 깔고 책가방, 모자, 색연필, 야구공을 늘어놓았습니다. 준수가 와서 책가방을 사 갔습니다. 웅이는 손님들에게 물건에 대해 최대한 자세히 설명해 주었습니다. 손님들을 상대하는 일은 힘들지만 재미있었습니다. 조금 있다가 준수가 다시 와서 책가방에 큰 흠집이 있다고 말했습니다. 웅이는 준수에게 사과하고 다른 물건으로 바꿔 주겠다고 했습니다. 웅이는 다음에는 물건을 꼼꼼히 살펴서 가져오겠다고 다짐했습니다.

08 이 글의 핵심 내용을 파악하여 빈칸에 들어갈 알맞은 어휘를 쓰시오.

웅이가 □□ 장터에서 물건을 판 일

09 웅이가 나눔 장터에 내놓은 물건이 <u>아닌</u> 것을 골라 ✓표를 하시오.

☐ 모자　　　☐ 야구공　　　☐ 책가방　　　☐ 머리띠

10 웅이가 준수에게 사과를 한 이유로 알맞은 것은?　　　[✐ 　]

① 팔 물건이 없어서
② 판 물건에 흠집이 있어서
③ 준수가 원하는 물건이 없어서
④ 다른 사람에게 물건을 팔아서
⑤ 설명을 자세히 해 주지 못해서

20

<과학 몸>

똥이 되었어요

급식

| 주다 | 급 給 |
| 음식 | 식 食 |

학교나 회사, 군대 등에서 음식을 주는 일. 또는 그 음식

씹다

음식을 입에 넣고 윗니와 아랫니를 움직여 잘게 자르거나 부드럽게 갈다.

급식을 꼭꼭 씹어 먹어야지.

냠냠

꼭꼭

소화가 되고 남은 찌꺼기가 나오고 있어.

소화

| 사라지다 | 소 消 |
| 되다 | 화 化 |

먹은 음식을 우리 몸으로 들어갈 수 있는 상태로 변화시키는 일

나오다

안에서 밖으로 오다.

01 빈칸에 들어갈 알맞은 어휘를 쓰시오.

수아: 배가 아프고, 속이 안 좋아. ❶ [ㅅ] [ㅎ] 가 잘 안 되는 것 같아.

찬우: 점심시간에 널 봤는데 ❷ [ㄱ] [ㅅ] 을 많이 먹더라.

수아: 오늘은 내가 좋아하는 반찬이 많았거든.

❶ [✎   ]   ❷ [✎   ]

02 그림을 보고, 빈칸에 들어갈 알맞은 어휘를 쓰시오.

반대의 뜻

집에서 ❶ [ ] [ ] [ ]
↳안에서 밖으로 오다.

집으로 ❷ [ ] [ ] [ ] [ ]
↳밖에서 안으로 가다.

03 밑줄 그은 어휘와 뜻이 비슷한 어휘를 골라 ○표를 하시오.

씹다

뜻 음식을 입에 넣고 윗니와 아랫니를 움직여 잘게 자르거나 부드럽게 갈다.
↳ 작게 │ 크게

04 '식(食)' 자가 들어간 보기 의 어휘 중 빈칸에 알맞은 어휘를 골라 쓰시오.

보기
        과식(過食)   식구(食口)

1 우리 집 [ ] 는 모두 네 명이다.
↳한 집에서 함께 살면서 밥을 같이 먹는 사람

2 뷔페에 가서 [ ] 했더니 배가 나왔다.
↳음식을 지나치게 많이 먹다.

05 밑줄 그은 어휘의 뜻을 **보기**에서 골라 그 기호를 쓰시오.

> **보기**
>
> ### 나오다
>
> ㉠ 안에서 밖으로 오다.
> 　**예** 그가 방에서 나오다.
> ㉡ 속에서 바깥으로 솟아나다.
> 　**예** 씨를 뿌린 곳에서 싹이 나오다.
> ㉢ 책이나 신문에 글, 그림, 사진 등이 실리다.
> 　**예** 선생님이 쓴 글이 이 책에 나오다.

1 나는 과자를 사고 편의점에서 <u>나왔다</u>. (　　　)

2 봄이 되자 가지 끝에 꽃봉오리가 <u>나왔다</u>. (　　　)

3 우리 학교 홈페이지에 우리 반 친구들의 사진이 <u>나왔다</u>. (　　　)

06 먹는 모습을 나타내는 어휘와 그 어휘가 들어갈 문장을 선으로 이으시오.

1 오물오물 ・ 　 ・ ㉠ 껌을 [　　　] 씹었다.

2 꿀꺽꿀꺽 ・ 　 ・ ㉡ 아기가 과자를 [　　　] 먹는다.

3 질겅질겅 ・ 　 ・ ㉢ 물을 가득 담아 [　　　] 마셨다.

07 밑줄 그은 말의 뜻으로 알맞은 것은? [✎　　]

> 상우는 장난감 가게에서 갖고 싶던 로봇을 발견했다. 상우는 로봇의 값이 얼마인지 살펴보다가 <u>눈이 나올</u> 뻔했다. 상우가 가지고 있는 돈의 세 배나 되는 비싼 값이었기 때문이다.

① 매우 믿다.　　　　　　　② 몹시 놀라다.
③ 눈물을 흘리다.　　　　　④ 관심이 없어지다.
⑤ 많은 사람들이 쳐다보다.

08~10 다음 글을 읽고, 물음에 답하시오.

과학 몸

　우리가 급식으로 먹은 음식물은 입으로 들어가서 항문으로 나옵니다. 음식은 입으로 들어와 항문으로 나가는 동안 여러 곳을 거칩니다. 먼저 입에서 음식물을 씹어서 아주 작게 부숩니다. 작아진 음식물은 식도를 지나 위장으로 내려갑니다. 음식물은 위장에서 흐물흐물하게 녹은 후에 소장으로 보내집니다. 음식물은 소화를 도와주는 담즙과, 균을 만나 갈색 빛으로 바뀝니다. 소장에서는 음식물에 있는 영양분을 최대한 흡수하고 남은 찌꺼기를 대장으로 보냅니다. 마지막으로 대장에서 이 찌꺼기의 수분을 흡수하면 흐물흐물하던 것이 단단해집니다. 이것이 항문으로 나온 것이 바로 똥입니다.

08 이 글의 핵심 내용을 파악하여 빈칸에 들어갈 알맞은 어휘를 쓰시오.

{ 음식물이 소화되어 ☐ 이 되는 과정 }

09 음식물이 소화되는 기관과 각 기관에서 하는 일을 선으로 이으시오.

1 　입　　　•

2 　위장　　•

3 　소장　　•

4 　대장　　•

•㉠　음식물을 잘게 부순다.

•㉡　음식물의 영양분을 흡수한다.

•㉢　음식물을 흐물흐물하게 녹인다.

•㉣　찌꺼기에 있는 물기를 빨아들인다.

10 똥이 갈색 빛인 이유에 ✓표를 하시오.

☐ 영양분이 아직 남아 있어서

☐ 우리 몸 안에서 아주 작게 부서져서

☐ 음식물과 담즙, 균이 섞이면서 색이 변해서

실력 확인 1회

1-5 뜻에 알맞은 어휘를 보기에서 골라 쓰시오.

보기

| 수업 | 기억 | 표시 | 받침 | 등교 |

1 ☐☐ : 학생이 학교에 가다.

2 ☐☐ : 지난 일을 잊지 않고 외워 두다.

3 ☐☐ : 표를 하여 바깥에 드러내 보이다.

4 ☐☐ : 선생님이 학생에게 지식이나 기술을 가르쳐 주다.

5 ☐☐ : 한글을 적을 때 모음 글자 아래에 받쳐 적는 자음자

6 어휘의 뜻이 맞으면 ○표, 틀리면 ✕표를 하시오.

1 지각하다 뜻 정해진 시각보다 일찍 가다. [✎]

2 치료하다 뜻 병이나 상처 따위를 낫게 하다. [✎]

3 내리쬐다 뜻 볕 따위가 세차게 아래로 비치다. [✎]

4 숨죽이다 뜻 숨소리가 들리지 않을 정도로 조용히 하다. [✎]

7 뜻에 맞는 어휘를 네모 칸에서 찾아 표시하시오.

뜻

예 학교에서 가르치거나 배우기 위해 만든 책
1 학생이 되어 공부하기 위해 학교에 들어가다.
2 유치원이나 학교에서 수업을 하는 데 쓰이는 방
3 선생님이 학생을 가르치는 데 필요한 일을 하는 곳

입	인	사	말
학	교	실	보
받	과	무	건
침	서	사	실

8 어휘의 뜻에 맞는 말을 괄호 안에서 골라 ○표를 하시오.

1 최대한 뜻 가능한 한 가장 (빨리 | 많이)

2 햇볕 뜻 해가 내쏘는 (뜨거운 | 차가운) 기운

3 갈림길 뜻 여러 (묶음 | 방향)으로 갈라져 있는 길

4 게시판 뜻 (여러 사람 | 선생님)에게 알리기 위해 글, 그림, 사진 등을 붙이는 판

9-11 왼쪽 어휘와 뜻이 비슷한 어휘를 골라 ✓표를 하시오.

9 차례   ☐ 순서   ☐ 주위   ☐ 상대

10 닮다   ☐ 비슷하다   ☐ 조심하다   ☐ 끼어들다

11 설레다   ☐ 서두르다   ☐ 머쓱하다   ☐ 두근거리다

12 밑줄 그은 어휘의 뜻으로 알맞은 것을 골라 선으로 이으시오.

1 씨앗을 심었더니 싹이 텄다.   •   • ㉠ 줄을 이루다.

2 가게 앞에 사람들이 줄지어 섰다.   •   • ㉡ 식물의 싹 따위가 벌어지다.

13 밑줄 그은 어휘의 뜻으로 알맞은 것은?   [✐   ]

> 윤지는 친구들에게 춤을 잘 춘다고 인정을 받았다.

① 확실히 그렇다고 여기다.
② 마음이나 뜻을 굳게 가다듬어 정하다.
③ 사람이나 물건의 수를 헤아리거나 꼽다.
④ 잘못이나 실수가 없도록 말이나 행동에 마음을 쓰다.
⑤ 어떤 물건이나 사실을 실제와 다르게 알거나 생각하다.

실력 확인 1회

14-15 밑줄 그은 부분에 들어가기에 알맞은 말을 골라 ✓표를 하시오.

14

> 의사는 하루에도 수십 명의 환자를 _____.

☐ 가른다   ☐ 갈아탄다   ☐ 상대한다

15

> 그가 엉뚱한 소리를 하자 사람들은 _____ 표정을 지었다.

☐ 헤매는   ☐ 끼어드는   ☐ 어리둥절한

16 밑줄 그은 어휘가 문장에 어울리지 않는 것은?   [✏️   ]

① 가위는 날이 날카로우니 조심해서 써야 한다.
② 준호는 서둘러 준비를 해서 약속에 안 늦었다.
③ 나는 여러 과목 중에서 국어를 제일 좋아한다.
④ 이 나뭇가지는 새싹이 햇볕을 쬐는 데 방해가 된다.
⑤ 선생님께서 내 그림을 보시고 잘 그렸다고 사과하셨다.

17 문장에 알맞은 어휘를 골라 ✓표를 하시오.

1 '토마토'는 ☐ 거꾸로 / ☐ 나란히 말해도 '토마토'야.

2 모둠끼리 ☐ 의논해서 / ☐ 반성해서 무슨 노래를 할지 정하세요.

3 우리 학교 앞에는 길을 건널 수 있는 ☐ 건널목 / ☐ 정류장 이 있습니다.

관용어 · 속담 · 한자 성어

18 관용어 설명에서 빈칸에 들어갈 알맞은 말을 쓰시오.

> 어떤 문제가 생기거나 결정해야 하는 일이 있으면 우리는 '머리'를 써서 생각을 합니다. 그리고 여러 사람들이 어떤 문제에 대해서 생각을 할 때는 가깝게 모여 이야기하기에 사람들의 머리가 가까워집니다. 그래서 '[   ]를 맞대다'라는 말은 어떤 문제가 생겼을 때 그 문제를 의논하거나 어떻게 할지 정하기 위해 서로 마주 대한다는 뜻으로 쓰입니다.

[🖉   ]

19 속담 설명에서 빈칸에 들어갈 알맞은 말을 쓰시오.

> 병이 들면 몸이 아픕니다. 병을 낫게 하려면 약을 먹어야 합니다. '병'을 준다는 것은 다른 사람을 아프게 하거나 피해를 준다는 뜻입니다. '약'을 준다는 것은 다른 사람의 아픔이나 피해를 낫게 한다는 뜻입니다. 그래서 "[   ] 주고 [   ] 준다"라는 속담은 자기가 피해를 준 다음에 도와주는 척 한다는 뜻으로 쓰입니다.

[🖉   ,   ]

20 한자 성어 설명에서 빈칸에 들어갈 알맞은 말을 골라 ✓표를 하시오.

동문서답	
동쪽	동(東)
묻다	문(問)
서쪽	서(西)
대답하다	답(答)

> 옛날에 한 사람이 동쪽으로 가려고 하였지만 동쪽이 어느 쪽인지 찾지 못하고 있었습니다. 그 사람은 지나가는 사람에게 동쪽이 어느 쪽이냐고 물었습니다. 하지만 지나가는 사람은 엉뚱하게도 동쪽과는 아무 상관없는 서쪽을 가르쳐 주었습니다. 그래서 동쪽을 물어보는데 서쪽이 어디인지 대답한다는 이 한자 성어는 '[   ]'라는 뜻으로 쓰입니다.

[ ] 큰 차이가 없이 거의 같다.

[ ] 묻는 말과 상관없는 엉뚱한 대답을 한다.

[ ] 자기가 남에게 좋게 하여야 남도 자기에게 좋게 한다.

1-5 뜻에 알맞은 어휘를 보기 에서 골라 쓰시오.

보기

| 대답 | 소개 | 착각 | 주위 | 정직 |

1 ☐☐ : 부르는 말을 듣고 어떤 말을 하다.

2 ☐☐ : 마음에 거짓이나 꾸밈이 없어 바르고 곧다.

3 ☐☐ : 어떤 사물이나 사람을 둘러싸고 있는 것이나 환경

4 ☐☐ : 어떤 물건이나 사실을 실제와 다르게 알거나 생각하다.

5 ☐☐ : 잘 알려지지 않았거나 모르는 사실을 잘 알도록 설명하다.

6 어휘의 뜻이 맞으면 ○표, 틀리면 ✕표를 하시오.

1 고치다 뜻 잘못되거나 틀린 것을 바로잡다. [✐]

2 긁다 뜻 손톱이나 뾰족한 물건 따위로 문지르다. [✐]

3 긋다 뜻 어떤 부분을 나타내기 위해 금이나 줄을 그리다. [✐]

4 뒤덮다 뜻 더러운 것을 없애거나 매끄럽게 하기 위해 문지르다. [✐]

7 어휘의 뜻에 맞는 말을 괄호 안에서 골라 ○표를 하시오.

1 노약자 뜻 (젊거나 | 늙거나) 약한 사람

2 차이점 뜻 서로 같지 않고 (다른 | 잘못된) 점

3 묶음 뜻 (묶어 놓은 | 잘라 놓은) 덩이를 세는 단위

4 흠집 뜻 (깨지거나 | 매끄럽거나) 상한 자리나 흔적

8-10 왼쪽 어휘와 뜻이 반대인 어휘를 골라 ✓표를 하시오.

8 젖다 ☐ 헤매다 ☐ 마르다 ☐ 내리쬐다

9 나오다 ☐ 들어가다 ☐ 서두르다 ☐ 화해하다

10 잊어버리다 ☐ 고치다 ☐ 받아쓰다 ☐ 기억하다

11 밑줄 그은 어휘의 뜻으로 알맞은 것을 골라 선으로 이으시오.

| 1 | 낱말은 <u>띄어</u> 써야 합니다. | • | • | ㉠ 거리를 꽤 멀게 하다. |

| 2 | 사과를 세 조각으로 <u>갈랐다</u>. | • | • | ㉡ 어떤 도구나 물건을 써서 일을 하다. |

| 3 | 가위를 <u>대고</u> 종이를 오렸다. | • | • | ㉢ 쪼개거나 나누어 따로따로 되게 하다. |

12 어휘의 뜻을 보기 에서 골라 사다리를 타서 도착한 빈칸에 쓰시오.

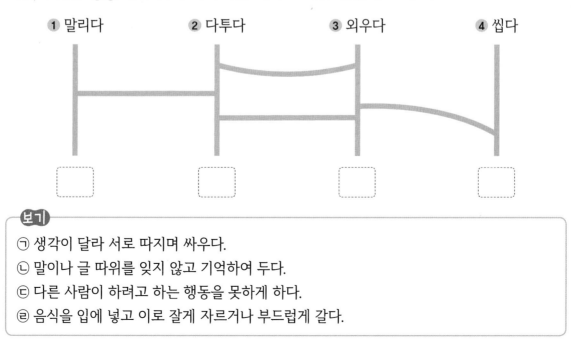

❶ 말리다　　❷ 다투다　　❸ 외우다　　❹ 씹다

보기
㉠ 생각이 달라 서로 따지며 싸우다.
㉡ 말이나 글 따위를 잊지 않고 기억하여 두다.
㉢ 다른 사람이 하려고 하는 행동을 못하게 하다.
㉣ 음식을 입에 넣고 이로 잘게 자르거나 부드럽게 갈다.

13-15 밑줄 그은 어휘와 바꾸어 쓸 수 있는 것을 골라 ✓표를 하시오.

13

> 햇볕을 가리는 나뭇가지를 <u>꺾다</u>.

☐ 트다　　☐ 부러뜨리다　　☐ 줄짓다

14

> 물을 쏟지 않도록 <u>조심하세요</u>.

☐ 주의하세요　　☐ 사과하세요　　☐ 반성하세요

15

> 어지른 물건을 찾기 쉽게 <u>정리했다</u>.

☐ 셌다　　☐ 반듯했다　　☐ 정돈했다

16 문장에 알맞은 어휘를 골라 ✓표를 하시오.

1 배운 내용을 공책에
☐ 적어요.
☐ 발표해요.

2 새치기를 해서 줄에
☐ 끼어들지
☐ 방해하지
마세요.

3 흔들리는 다리를
☐ 무사히
☐ 자세히
건너야 한다.

17 밑줄 그은 어휘가 문장에 어울리지 <u>않는</u> 것은?　　[✎　　]

① 수업 시간에 친구들 앞에서 <u>발표</u>를 했다.
② 나는 방학 동안 책 열 권을 읽기로 <u>다짐했다</u>.
③ 학교에서 먹은 급식이 <u>소화</u>가 잘 되지 않는다.
④ 도서관까지는 버스를 한 번 <u>갈아타야</u> 갈 수 있다.
⑤ 소년은 늑대가 없는데 늑대가 나타났다고 <u>인사말</u>을 하였다.

관용어 · 속담 · 한자 성어

18 관용어 설명에서 빈칸에 들어갈 알맞은 말을 쓰시오.

> 종이는 굉장히 얇기 때문에 종이 한 장과 종이 두 장은 두께가 거의 차이나지 않습니다. 그래서 '[　　　　] 한 장 차이'라는 말은 물건의 수나 실력의 정도 등의 차이가 매우 적다는 뜻을 나타냅니다. '네 영어 실력과 내 영어 실력은 종이 한 장 차이야.'라는 말은 실력 차이가 거의 나지 않고 서로의 실력이 비슷하다는 뜻입니다.

[✎　　　]

19 속담 설명에서 빈칸에 들어갈 알맞은 말을 쓰시오.

> 옛날에는 농사를 짓고 살았습니다. 농사를 지으려면 무거운 짐을 나르거나 밭을 갈아야 했는데 그럴 때 소가 필요했습니다. 사람들은 소의 집인 '외양간'을 지어서 소가 잘 있는지 살폈습니다. 그런데 외양간이 낡으면 도둑들이 소를 훔쳐가기 쉬웠습니다. 소를 도둑맞은 뒤에 소가 없는 외양간을 고쳐봤자 아무 소용이 없습니다. 그래서 "[　　　　] 잃고 외양간 고친다"라는 속담은 일이 잘못된 다음에 잘해 보려고 해도 소용이 없다는 뜻을 나타냅니다.

[✎　　　]

20 한자 성어 설명에서 빈칸에 들어갈 알맞은 말을 골라 ○표를 하시오.

작심삼일	
만들다	작(作)
마음	심(心)
셋	삼(三)
날	일(日)

> '작심'은 '마음을 단단히 먹다.'라는 뜻입니다. '삼 일'은 말 그대로 3일이라는 뜻입니다. 그래서 '작심삼일'이라는 한자 성어는 '단단히 먹은 [　　　　]이 3일을 가지 못한다.'라는 뜻입니다. 매일 운동이나 공부를 하겠다고 마음먹지만 이런 마음이 쉽게 풀어질 때 이 한자 성어를 씁니다.

마음　　　　　방향　　　　　잘못

memo

완자

공부력

정답과 해설

어휘

×

초등 전과목

1
A

1-2학년

 책 속의 가접 별책 (특허 제 0557442호)

'정답과 해설'은 진도책에서 쉽게 분리될 수 있도록 제작되었으므로
유통 과정에서 분리될 수 있으나 파본이 아닌 정상 제품입니다.

ABOVE IMAGINATION

우리는 남다른 상상과 혁신으로
교육 문화의 새로운 전형을 만들어
모든 이의 행복한 경험과 성장에 기여한다

완자 공부력

초등 전과목
어휘 1A

· · · ·

정답과 해설

W 완자

공부력 가이드

완자 공부력 시리즈는
앞으로도 계속 출간될 예정입니다.

국어
맞춤법
바로 쓰기
1~2학년용
4책

쓰기력

전과목
어휘
1~6학년용
12책

전과목
한자
어휘
1~6학년용
12책

영어
파닉스
1~2학년용
2책

영어
영단어
3~6학년용
8책

어휘력

국어
독해
1~6학년용
12책

한국사
독해
인물편
3~6학년용
4책

한국사
독해
시대편
3~6학년용
4책

독해력

수학
계산
1~6학년용
12책

계산력

완자 공부력 시리즈로 공부 근육을 키워요!

매일 성장하는
초등 자기개발서
완자
공부력

학습의 기초가 되는 읽기, 쓰기, 셈하기와 관련된
공부력을 키워야 여러 교과를 터득하기 쉬워집니다.
또한 어휘력과 독해력, 쓰기력, 계산력을 바탕으로 한
'공부력'은 자기주도 학습으로 상당한 단계까지 올라갈 수
있는 밑바탕이 되어 줍니다. 그래서 매일 꾸준한 학습이
가능한 '**완자 공부력 시리즈**'로 공부하면 자기주도 학습이
가능한 튼튼한 공부 근육을 키울 수 있을 것이라 확신합니다.

효과적인 **공부력 강화 계획**을 세워요!

○ 학년별 공부 계획
내 학년에 맞게 꾸준하게 공부 계획을 세워요!

		1-2학년	3-4학년	5-6학년
기본	독해	국어 독해 1A 1B 2A 2B	국어 독해 3A 3B 4A 4B	국어 독해 5A 5B 6A 6B
	계산	수학 계산 1A 1B 2A 2B	수학 계산 3A 3B 4A 4B	수학 계산 5A 5B 6A 6B
	어휘	전과목 어휘 1A 1B 2A 2B	전과목 어휘 3A 3B 4A 4B	전과목 어휘 5A 5B 6A 6B
		파닉스 1 2	영단어 3A 3B 4A 4B	영단어 5A 5B 6A 6B
확장	어휘	전과목 한자 어휘 1A 1B 2A 2B	전과목 한자 어휘 3A 3B 4A 4B	전과목 한자 어휘 5A 5B 6A 6B
	쓰기	맞춤법 바로 쓰기 1A 1B 2A 2B		
	독해		한국사 독해 인물편 1 2 3 4	
			한국사 독해 시대편 1 2 3 4	

시기별 공부 계획

학기 중에는 **기본**, 방학 중에는 **기본 + 확장**으로 공부 계획을 세워요!

방학 중			
학기 중			
기본			**확장**
독해	계산	어휘	어휘, 쓰기, 독해
국어 독해	수학 계산	전과목 어휘 파닉스(1~2학년) 영단어(3~6학년)	전과목 한자 어휘 맞춤법 바로 쓰기(1~2학년) 한국사 독해(3~6학년)

예시 초1 학기 중 공부 계획표 주 5일 하루 3과목 (45분)

월	화	수	목	금
국어 독해	국어 독해	국어 독해	국어 독해	국어 독해
수학 계산	수학 계산	수학 계산	수학 계산	수학 계산
전과목 어휘	파닉스	전과목 어휘	전과목 어휘	파닉스

예시 초4 방학 중 공부 계획표 주 5일 하루 4과목 (60분)

월	화	수	목	금
국어 독해	국어 독해	국어 독해	국어 독해	국어 독해
수학 계산	수학 계산	수학 계산	수학 계산	수학 계산
전과목 어휘	영단어	전과목 어휘	전과목 어휘	영단어
한국사 독해 인물편	전과목 한자 어휘	한국사 독해 인물편	전과목 한자 어휘	한국사 독해 인물편

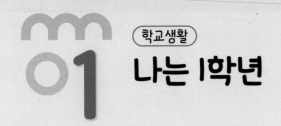

01 (어리둥절했다)

💬 • 무섭다: 걱정스럽고 두려워하다.
  • 즐겁다: 마음에 들어서 기쁘고 흐뭇하다.

02 교과서

03 ☑ 졸업

04 (두근거린다)

💬 • 흔들리다: 위아래, 옆으로 움직이다.
  • 가라앉다: 물이나 공중에 떠있거나 섞여 있다가 밑바닥에 내려와 깔리다.

05 **1** ((개고) | 개이고)   **2** ((헤매다) | 헤매이다)

💬 '개다'는 '흐리거나 궂은 날씨가 맑아지다.'라는 뜻이며, '헤매다'는 '갈 바를 몰라 이리저리 돌아다니다.'라는 뜻으로, 두 단어 모두 어휘의 원래 모양에 '-이-'가 없다.

06 **1** | 입 | 학 | **2** | 설 | 레 | 다 | **3** | 어 | 떻 | 게 |

07 ☑ 뜻밖에 놀라운 일을 겪어서 어리둥절하다.

💬 '어안이 벙벙하다'는 갑자기 생각지도 못한 산신령이 나타나서 나무꾼이 놀란 상황에 쓰였다. 그러므로 이 말은 놀라운 일을 당해서 어리둥절하다는 뜻임을 알 수 있다.

08 초등학교에 | 입 | 학 | 하기 전날의 마음

💬 이 일기에는 초등학교 입학을 앞둔 예비 초등학생의 마음이 드러나 있다.

09 ⑤ 입학 전날 교과서를 미리 살펴보았다.

💬 글쓴이는 미리 교과서를 읽어 보았으며, 처음 보는 내용이 많았다고 하였다.

10 기대된다. (○   )

💬 글쓴이는 새로운 친구들을 만날 생각에 설레고 들떠서 잠이 안 올 것 같다고 하였다.

02 학교 안에 있어요

01 교무실

02 보건실

03 뜻 ((선생님) | 학생)이 (선생님 | (학생))에게 지식이나 기술을 가르쳐 주다.

04 (고쳤다)

　• 지키다: 무엇을 도둑맞거나 잃어버리지 않게 조심하며 보호하다.
　• 아프다: 몸이나 마음이 아주 편하지 않다.

05 **1** (가르쳤다 | (가리켰다))
　 2 ((가르쳤다) | 가리켰다)

06 **1** ㅅ　 **2** ㅆ

　1 '낫다'는 병이나 상처 따위가 고쳐진다는 의미이다.
　2 '다치다'는 부딪치거나 맞거나 하여 몸에 상처가 생긴다는 의미이다. 어제 있었던 일이므로 과거를 나타내는 '-았/었-'이 붙어 '다쳤다'라고 쓴다.

07 ☑ 병 주고 약 준다

　제시된 상황에서 마을 사람들은 숲을 함부로 사용하였다가 나무를 심어 숲을 돌보겠다고 하였다. 이런 행동은 피해를 준 후에 도와주겠다는 것이므로 '병 주고 약 준다'와 의미가 비슷하다.

08 민지가 │교│무│실│에 계신 선생님께 가는 방법

　이 글은 처음 학교에 간 학생이 교무실이 어디인지 찾는 내용을 다루고 있다.

09 ((①) | ② | ③)

　안내도를 통해 민지가 가야 하는 교무실은 1층 **1**번 방임을 알 수 있다.

10 (음악실)

　노래를 하거나 악기를 연주하는 것은 음악을 공부하는 일이다.

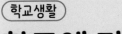
01 건널목

> • 복도: 건물 안에 다니게 된 통로
> • 찻길: 자동차나 기차가 다니는 길

02 갈림길

> • 고생길: 어렵고 고된 일이나 생활에서 벗어날 수 없는 형편
> • 바른길: 굽지 아니하고 곧은 길

03 ☑ 현관에 신발들이 <u>무사히</u> 놓여 있었다.

> 첫 번째 문장에는 '여럿이 줄지어 늘어선 모양이 가지런한 상태로'라는 뜻의 '나란히'나 '물건들이 제자리에 있지 못하고 널려 있어 너저분하다.'라는 뜻의 '어지럽게' 등을 쓰는 것이 적절하다.

04 **1** 등 교 **2** 하 교

05 **1** (깨끗이 | 깨끗히) **2** (조용이 | 조용히) **3** (꼼꼼이 | 꼼꼼히)

06 **1** 눈길 **2** 갈림길 **3** 지름길

07 ☑ 축구 선수가 되고 싶어서 열심히 연습을 하는 상황

> 두 번째 문장은 자신이 하고 싶은 일을 열심히 하는 상황이다. 어느 한쪽을 선택해야 하는 상황이 아니므로 '갈림길에 서다'를 쓸 수 없다.

08 학교에 안전하게 등 교 하는 방법

> 이 글은 길을 걸을 때와 버스에 탈 때로 나누어 안전하게 학교에 가는 방법을 알려 주고 있다.

09 **1** ✕ **2** ✕ **3** ○

> **1** 갈림길이 있으면 길을 잃지 않도록 학교로 가는 길을 찾아 가야 한다.
> **2** 횡단보도에서는 초록불에 길을 건너야 한다.

10 ④ ㄹ

> ㄹ을 통해 버스에서는 큰 소리로 떠들거나 장난치지 말아야 함을 알 수 있다.

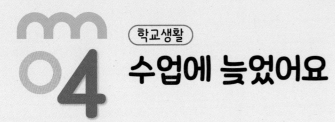

01 주위

02 뜻 (**정해진** | 생각한) 시각보다 (**늦게** | 빨리) 가다.

03 **돌아다녔다**

> • 살펴보다: 자세히 조심하여 보다.
> • 뛰어다니다: 여기저기 뛰면서 돌아다니다.

04 **1** 교실　　**2** 미용실　　**3** 화장실

05 **1** 돌아다니다　　**2** 둘러싸다

06 서준

07 ☑ 숨바꼭질을 했는데 친구가 어디 숨었는지 [　　　　　　　]이다.

> 숨은 친구가 어디에 있는지 알 수 없는 상황에서 어떻게 되어 가고 있는지 알 수 없다는 뜻의 '오리무중'을 사용할 수 있다.

08 지수가 학교에 지 각 을 한 일

> 이 글은 지수가 늦잠을 자서 학교에 지각하게 된 내용을 다루고 있다.

09 ① 늦잠을 자서

> 지수는 어제 만화를 보느라 늦게 잠자리에 드는 바람에 아침에 늦잠을 자서 지각을 하고 말았다.

10 **1** ○　　**2** ○　　**3** ✕

> 지수가 교실에 도착했을 때 선생님은 수업을 하고 계셨고, 주위 친구들은 늦게 온 지수를 쳐다보았다.

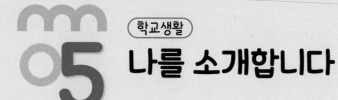

01

💬 • 거짓말: 남을 속이려고 사실이 아닌 것을 사실인 것처럼 꾸며서 하는 말
  • 귓속말: 남의 귀에 입을 가까이 대고 작은 소리로 하는 말

02 소개

03 ☑ 친구가 자신은 어려운 책을 읽는다며 나를 <u>숨죽였다.</u>

💬 두 번째 문장에는 기세를 꺾어 약해지게 만든다는 의미의 '기죽이다'를 사용하는 것이 적절하다.

04 차이점

05 ☑ 다치다 – 가르치다

💬 '다치다'는 '부딪치거나 맞거나 하여 신체에 상처가 생기다.'라는 뜻, '가르치다'는 '지식이나 기능, 이치 따위를 깨닫게 하거나 익히게 하다.'라는 뜻으로 서로 아무 관계가 없는 어휘들이다.

06 1 (다르다 │ 틀리다)   2 (달랐다 │ 틀렸다)

07 ☑ 수나 정도의 차이가 매우 적다.

💬 '종이 한 장 차이'는 얇은 종이 한 장 정도의 차이밖에 안 난다는 뜻이다. 간격이나 틈이 매우 작다는 의미와 함께, 수나 정도의 차이가 매우 적다는 의미를 지닌다.

08 자 기 소 개 를 하는 날

💬 이 글은 진우가 친구들 앞에서 자신을 소개한 날의 이야기를 담고 있다.

09 ③ 어젯밤에 꾼 꿈의 내용

💬 진우는 어젯밤에 꾼 꿈이 아니라 앞으로 선생님이 되고 싶은 자신의 꿈을 이야기했다.

10 ② 친구들이 나에 대해 잘 알게 되면 좋겠어.

💬 이 글의 마지막 문장에서 진우가 자기소개를 마친 후 친구들이 자신에 대해 더 잘 알게 되었기를 바랐음을 알 수 있다.

 학교생활

수업 시간에 하는 일

01 뜻 (관계를 | 거리를) 꽤 (멀게 | 가깝게) 하다.

02 잊어버리다

03 ⑤ 가르쳤다

① '쓰다'는 글로 나타낸다는 의미이다.
② '기록하다'는 나중에 남길 목적으로 적는다는 뜻이다.
③ '필기하다'는 내용을 받아 적는다는 의미이다.
④ '메모하다'는 짧게 글로 남긴다는 의미이다.
①~④는 '적다'와 의미가 비슷하다.

04 발

발(發)은 '나타나다, 밝히다' 등의 의미를 가진 한자어로 발명(發明), 발표(發表), 발견(發見)에 쓰인다.

05 1 (잊어버렸다 | 잃어버렸다) 2 (잊어버렸다 | 잃어버렸다)

1 은 물건인 '색연필'이 사라진 것이므로 '잃어버렸다'를, 2 는 색연필을 새로 사야 한다는 '생각'이 사라진 것이므로 '잊어버렸다'를 사용해야 한다.

06 1 ㉠ 2 ㉠ 3 ㉡

'밥이 적었다'는 밥의 양이 보통보다 모자라다는 뜻으로, 3 문장에 쓰인 '적다'의 뜻은 ㉡이다.

07 ☑ 할 말을 잊다

첫 번째 문장에서는 친구의 뻔뻔한 태도에, 두 번째 문장에서는 잘못을 하고도 당당한 그 사람의 모습에 기가 막히다는 의미가 들어가는 것이 자연스럽다.

08 수 업 시간에 하는 일

이 글은 학교 수업 시간에 무엇을 하는지 이야기하고 있다.

09 ⑤ 선생님이 하신 말씀을 모두 공책에 적는다.

선생님의 말씀을 모두 공책에 적는 것이 아니라 수업 시간에 배운 내용 중에서 기억해 둘 내용이 있으면 적어야 한다.

10 1 ✕ 2 ○ 3 ○

기억해 둘 내용을 공책에 적을 때는 글자를 정확하게 쓰고, 낱말을 알맞게 띄어 써야 나중에 알아보기 쉽다.

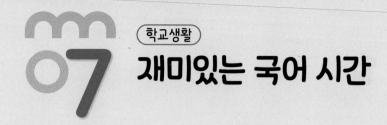

01 과자를 사기 전에 봉지 겉에 (그려진 | (표시된)) 가격을 살펴보았다.

💬 '표시'는 '표를 하여 바깥에 드러내 보이다.'라는 뜻이다.

02 과목

03 ④ 고치다

💬 '고치다'는 '잘못되거나 틀린 것을 바로잡다.'라는 뜻이다. '늦잠 자는 습관', '잘못 쓴 답', '손톱을 물어뜯는 버릇'은 바로 잡아야 할 대상이다.

04 ☑ 잊어버리다

💬 '헤매다'는 '길을 잃거나 무엇을 찾으려고 이리저리 돌아다니다.'라는 뜻이다.
'어리둥절하다'는 '무슨 일인지를 빨리 알아차리지 못하여 얼떨떨하다.'라는 뜻이다.

05 **1** ㉠　**2** ㉡　**3** ㉢

06 **1** | 좋 | 아 | 한 | 다 |　**2** | 기 | 억 | 하 | 고 |

07 ③ 지갑을 잃어버린 후 잘 챙기자고 말했다.

💬 ③은 이미 지갑이 없어지고 난 후에 지갑을 챙기자고 하는 상황이다. 일이 잘못된 후에 고칠 방법을 찾는 것이므로 '소 잃고 외양간 고친다'를 쓰기에 알맞다.

08 오늘 | 국 | 어 | 시간에 한 일

💬 이 글은 글쓴이가 국어 시간에 글을 쓴 일을 다루고 있다.

09 ⑤ 숫자를 더하거나 빼는 연습을 한다.

💬 국어 시간에는 글을 읽거나 쓰고, 발표를 하거나 친구들의 발표를 듣는다.

10 ☑ 유치원에서 가장 친했던 친구에 대한 내용

💬 오늘 국어 시간에 쓴 글의 주제는 '친구'로, 글쓴이는 유치원에서 가장 친했던 친구에 대해 글을 썼다.

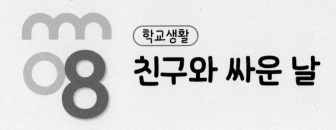

01 ❶ 다투다　❷ 반성

02 뜻 (다른 사람 | 자기 자신)이 하려고 하는 행동을 (하게 | 못하게) 하다.

03 ⑤ 머쓱하여

> '머쓱하다'는 '창피를 당하거나 흥이 꺾여 쑥스럽고 어색하다.'라는 뜻이다.

04 ❶ 반칙　❷ 반대

05 ❶ ⓒ　❷ ㉠　❸ ㉠

> ❶ 햇볕 아래에서 빨래의 물기를 말리는 것이므로 ⓒ의 뜻이다.
> ❷ 선생님이 다투는 친구들의 행동을 못하게 한 것이므로 ㉠의 뜻이다.
> ❸ 빨간불에 횡단보도를 건너려는 사람의 행동을 못하게 한 것이므로 ㉠의 뜻이다.

06 ❶ ⓒ　❷ ㉠　❸ ⓒ

07 ☑ 고래 싸움에 새우 등 터진다

> 힘이 센 사람들끼리 싸우는 바람에 중간에 낀 약한 사람이 피해를 입는다는 뜻의 속담은 '고래 싸움에 새우 등 터진다'이다.
> • '병 주고 약 준다'는 자기가 피해를 준 후 도와주는 척 한다는 뜻의 속담이다.
> • '소 잃고 외양간 고친다'는 이미 일이 잘못된 후에 대책을 세워도 소용이 없다는 뜻의 속담이다.

08 지호가 학교에서 ┆짝┆과 다툰 일

> 이 글은 지호가 연필 때문에 짝과 싸운 일을 쓴 글이다.

09 ④ 짝이 연필을 빌려주지 않아서

> 지호는 짝에게 연필을 빌려달라고 했지만 짝은 새 연필이라 빌려줄 수 없다고 하여 다투었다.

10 ☑ 선생님께 혼난 것이 서운했다.

> 지호는 짝이 연필을 빌려주지 않자 짝에게 서운함을 느꼈으며 선생님의 말씀을 듣고는 머쓱해하며 자신의 잘못을 깨달았다.

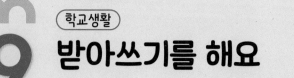

01 뜻 (남이) | 내가) 하는 말이나 읽는 글을 들으면서 (다르게 | (그대로)) 옮겨 쓰다.

02 대답

03 외웠다

> • 정리하다: 흐트러진 것이나 어지러운 것을 가지런하고 바르게 하다.
> • 잊어버리다: 기억하지 못하다.

04 **1** ㅊ **2** ㅂ **3** ㅋ **4** ㅅ, ㅌ **5** ㄴ, ㅇ **6** ㄴ, ㄹ, ㅈ

05 **1** ㉡ **2** ㉠

06 ③ 길을 잘 기억하지 못하다.

> 밑줄 그은 말은 예서가 음악실로 가는 길을 찾지 못한 리나에게 길을 잘 외우지 못한다는 의미로 한 말이다. 그러므로 '길눈이 어둡다'는 길을 잘 기억하지 못한다는 뜻이다.
> ① '길을 뚫다'의 뜻이다.
> ② '길을 재촉하다'의 뜻이다.
> ④ '앞길이 멀다'의 뜻이다.
> ⑤ '발길이 멀어지다'의 뜻이다.

07 ☑ 도망친 강아지가 어디로 갔는지는 [   ]이었다.

> 강아지가 어디로 갔는지 알 수 없는 상황에서는 무슨 일에 대하여 방향이나 갈피를 잡을 수 없음을 뜻하는 '오리무중(五里霧中)'이라는 한자 성어가 들어가는 것이 알맞다.

08 받 아 쓰 기 시험 보는 날

> 이 글은 수아가 받아쓰기 시험을 준비한 일과 받아쓰기 시험을 본 후의 일을 쓴 글이다.

09 ☑ 엄마가 읽어 주시는 글을 받아쓰며 연습해 보았다.

> 수아는 받아쓰기를 잘하기 위해 엄마와 함께 받아쓰기를 해 보았고, 계속 틀리는 낱말은 잊지 않고 기억해 두었다.

10 ③ 열심히 하는 것이 더 중요하단다.

> 선생님께서는 백 점을 맞는 것보다 열심히 하는 것이 중요하다며 수아를 칭찬해 주셨다.

10 자기 자리를 청소해요

01 뜻 손톱이나 (납작한 | (뽀족한)) 물건 따위로 (찌르다 | (문지르다)).

02 ③ 닦다

03 흠집

> • 표시: 생각이나 감정을 겉으로 나타내 보이는 것
> • 지리: 어떤 사물이나 사람이 차지하는 곳

04 1 ((비슷한) | 반대인)   2 (비슷한 | (반대인))

05 1 칼   2 물

06 1 (글겄다 | (긁었다))   2 ((닦았다) | 닥았다)   3 ((없애고) | 업새고)

> '긁었다'는 [글거따]로, '없애고'는 [업쌔고]로 발음하지만 글씨를 쓸 때에는 겹받침인 'ㄺ, ㅄ'을 그대로 써야 한다. 겹받침 'ㄲ'은 [ㄱ]으로 소리 나지만 쓸 때에는 'ㄲ'을 그대로 써야 한다.

07 ⑤ 모둠 전체가 받은 상품을 한 사람이 다 가져간 후 말이 없는 상황

> 모둠이 받은 상품을 모둠원들에게 나누어 주지 않고 한 사람이 혼자 차지한 상황이므로 이익을 혼자 가지고는 모르는 체한다는 의미의 '입을 닦다'를 쓰기에 알맞다.

08 자기 자 리 를 정리하는 방법

> 이 글은 선생님이 자기 자리를 정리하는 방법에 대해 이야기해 주는 내용을 담고 있다.

09 ④ 가방 안에 있는 자기 물건들을 정리하기

> 선생님은 책상 위와 책상 서랍을 정리하라고 하셨지만 가방 안에 있는 자기 물건을 정리하라는 말씀은 하지 않으셨다.

10 ☑ 뾰족한 물건으로 다른 물건을 긁지 않도록 한다.

> 이 글에서 청소를 하며 물건들을 정리할 때는 뾰족한 물건으로 다른 물건을 긁어 흠집이 생기지 않도록 주의해야 한다고 하였다.

01 햇볕

02 내리쬐자

> • 닦다: 묻어있는 것을 문지르다.
> • 불어오다: 바람이 이쪽으로 불다.

03 ☑ 마르다

> '젖다'는 '물이 배어 축축하게 되다.'라는 뜻이다. 반면 '마르다'는 '물기가 증발하여 없어지다.'라는 뜻이다.
> • '적다'는 '수나 양, 정도가 일정한 기준에 미치지 못하다.'라는 뜻이다.
> • '잠기다'는 '물속에 물체가 넣어지거나 가라앉게 되다.'라는 뜻이다.

04 ☑ 비치고   ☑ 돋아난다

05 ① 주룩주룩   ② 쨍쨍   ③ 맴맴

06 ① ㉠   ② ㉡

> ① 씨앗을 심어서 싹이 벌어졌다는 의미이므로 ㉠의 뜻이다.
> ② 겨울이 되니 추워서 손등에 틈이 생겨 갈라졌다는 의미이므로 ㉡의 뜻이다.

07 ☑ 세뱃돈을 받아 평소 갖고 싶었던 장난감을 샀다.

> 세뱃돈으로 갖고 싶었던 장난감을 산 것은 원하는 일을 이룬 상황이다. 그러므로 작은 것이 계속되어 크게 된다는 것을 뜻하는 '가랑비에 옷 젖는 줄 모른다'와 관련이 없다.

08 여 름 날씨의 특징

> 이 글에서는 사계절 중 여름 날씨의 특징을 설명하고, 여름 날씨와 관련된 우리의 생활 모습을 이야기하고 있다.

09 ⑤ 햇볕이 쨍쨍할 때 우산을 쓴다.

> 여름에 장마철이 되면 비가 많이 와서 우산을 써도 젖기 쉽다고 하였다. 햇볕이 쨍쨍할 때 햇볕을 가리기 위해 쓰는 것은 양산이다.

10 ☑ 식물이 잘 자란다.

> 이 글의 뒷부분에서 여름이 되어 햇볕이 내리쬐고 비가 오면 식물들이 잘 자란다고 하였다.

12 사자와 고래

본문 52-55쪽

01 음식 옆에 젓가락이 (나란히 | 무사히) 놓여 있다

02 뜻 (눈물을 | 싸움을) 그치고 다시 (사이좋게 | 차갑게) 지내다.

03 인정

04 다짐

• 느낌: 느껴지는 것
• 소개: 서로 모르는 둘이 서로 알고 지낼 수 있도록 인사를 시키는 것

05 1 ㉠　2 ㉡

1 다른 사람들이 그 친구가 국어를 확실히 잘한다고 여기는 상황이므로 ㉠의 뜻이다.
2 의사가 어려운 사람들을 가엾게 여기는 따뜻한 마음을 지니고, 어려운 사람을 돕는 상황이므로 ㉡의 뜻이다.

06 1 나 란 히　2 확 실 히

07 ⑤ 매일 줄넘기를 하겠다고 생각했지만 하루만 하고 그만두었다.

⑤에는 줄넘기를 하겠다는 다짐을 했지만 하루만에 그만두고 하지 않은 상황이 나타나 있다. '작심삼일'은 이렇게 다짐이 굳지 않아 다짐한 마음이 오래가지 않는 상황에 쓰기 알맞다.

08 고래가 사 자 를 도울 수 없는 이유

이 글은 사자와 고래가 서로의 다름을 인정하고 화해하는 내용의 이야기이다.

09 ☑ 힘이 세다.

사자는 땅에서 가장 힘이 세고, 고래는 바다에서 가장 힘이 세다고 하였으므로 두 동물은 힘이 세다는 공통점이 있다.

10 ② 사자와 사는 곳이 다르다.

사자는 땅에서 들소 떼에게 공격을 받았는데, 고래는 바다에 사는 동물이라 땅으로 갈 수 없어서 사자를 도와주지 못했다.

13 버스를 타요

본문 56-59쪽

01 ❶ 정류장 ❷ 노약자

02 〔갈아타려고〕

💬 • 갈아입다: 옷을 바꾸어 입다.
• 갈아엎다: 땅이나 흙을 갈아서 뒤집어엎다.

03 〔비슷하다〕

💬 • 다르다: 서로 같지 않다.
• 사이좋다: 서로 친하다.

04 ❶ 발표자 ❷ 소비자 ❸ 과학자

05 ❶ 닮다 ❷ 굶다 ❸ 삶다

💬 '굶다'는 '먹지 못하거나 먹지 않다.'라는 뜻을 지닌 어휘이다.
'삶다'는 '물에 넣고 끓이다.'라는 뜻을 지닌 어휘이다.

06 ❶ 늙다 ❷ 같다 ❸ 강하다

💬 ❶ '젊다'는 '일생에서 육체적 성장이 최고에 도달하는 시기에 있다. 나이가 많지 않다.'라는 뜻으로 '나이를 많이
먹다. 나이가 많이 들다.'라는 뜻의 '늙다'와 뜻이 반대이다.
❷ '같다'는 '서로 다르지 않다. 차이가 없다.'라는 뜻으로 '다르다'와 뜻이 반대이다.
❸ '약하다'는 '힘이나 세력이 강하지 않다.'라는 뜻으로 '무엇을 할 수 있는 힘이 세다.'라는 뜻의 '강하다'와 뜻이
반대이다.

07 ☑ 우리 반에서는 남자아이들과 여자아이들이 <u>남녀노소</u> 함께 논다.

💬 세 번째 문장에서는 모든 사람이 아닌 남자아이들과 여자아이들이 함께 논다고 하였으므로 '남녀노소'를 사용하기
에 어색하다.

08 ┌버┐┌스┐를 갈아탄 일과 버스 안의 노약자 자리

💬 이 글은 안전 체험 교육을 받으러 가는 도중에 버스를 갈아탄 일과 버스 안에 있는 노란색 자리에 대해 알게 된 일
을 쓴 글이다.

09 ③ 버스 번호를 잘 보고 탄다.

💬 버스들의 생김새가 모두 비슷하므로 버스의 번호를 잘 보고 갈아타야 한다.

10 노란색

💬 선생님은 버스 안에 있는 노란색 자리를 보고 노약자를 위한 자리라고 설명해 주셨다.

14 △모양과 □모양

본문 60-63쪽

01 날

02 긋다

03 (대고)

💬 • 놓다: 물건을 어디에 있게 두다.
• 만들다: 없던 물건을 힘과 기술을 들여 새로 생기게 하다.

04 (비뚤게)

05 1 (반드시 | (반듯이)) 2 ((반드시) | 반듯이)

06 1 ㉡ 2 ㉢ 3 ㉠

07 ☑ 일을 힘 안 들이고 아주 쉽게 해치운다는 말

💬 민준이는 자기의 숙제를 누나에게 해 달라고 하여 쉽게 숙제를 하려고 하였다. 밑줄 그은 속담은 손조차 사용하지 않고 코를 푼다는 뜻으로, 일을 힘들이지 않고 아주 쉽게 한다는 말이다.

08 종이로 삼 각 형 과 사각형을 만드는 방법

💬 이 글에서는 삼각형과 사각형이 무엇인지 설명한 후에, 종이를 오려 삼각형과 사각형 모양을 만드는 방법을 알려 주었다.

09 삼각형 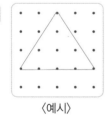 시각형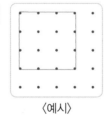

〈예시〉　　　　　　〈예시〉

💬 삼각형은 곧은 선 3개로 둘러싸인 도형, 사각형은 곧은 선 4개로 둘러싸인 도형이다. 제시된 점을 연결하여 자를 대고 곧은 선을 그려서 여러 가지 모양의 삼각형과 사각형을 그려 보자.

10 ☑ 가위로 종이를 오릴 때는 가위의 날에 다치지 않도록 조심한다.

💬 사각형은 곧은 선 4개로 둘러싸인 도형이며 자를 대고 선을 그리면 선을 반듯하게 그릴 수 있다.

15 모여서 공부해요

본문 64-67쪽

01 ❶ 게시판 ❷ 모둠

02 뜻 어떤 일에 대하여 (자신의 | 서로) 의견을 (주장하다 | 주고받다).

03 조심해서

💬 • 붙다: 무엇에 닿아서 떨어지지 않다.
• 정리하다: 흐트러진 것이나 어지러운 것을 가지런하고 바르게 하다.

04 ❶ 심장 ❷ 애국심

05 ❶ ㉡ ❷ ㉢ ❸ ㉠

06 ❶ 모 둠 ❷ 게 시 판 ❸ 의 논

07 ☑어떤 일을 의논하거나 정하기 위해 서로 마주 대하다.

💬 제시된 문장들은 어떤 문제가 있을 때 그 문제에 대해 의논하거나, 어떻게 할지 결정하기 위하여 서로 마주 대하는 상황이다.
정신 못 차리게 몹시 바쁘다는 뜻의 말은 '눈코 뜰 새 없다'이다.
분명하지 않은 생각이 계속 떠오른다는 뜻의 말은 '머리에 맴돌다'이다.

08 공 기 가 있는지 알아보는 탐구 활동

💬 선생님이 과학 탐구 활동을 하기 전에 모둠을 정해 주고, 탐구 활동을 할 때 조심할 점을 설명하였다.

09 ② 내가 속한 모둠

💬 선생님은 교실 뒤편 게시판에 탐구 활동을 하기 위한 모둠을 짜서 붙여 두었다고 말하였다.

10 ☑그릇에 든 물을 쏟지 않는다.

💬 선생님은 탐구 활동을 할 때 물이 든 그릇을 사용하므로 물을 쏟지 않게 조심하라고 주의를 주었다.

16 순서를 지켜요
사회 생활

01 줄지어

02 끼어드는

03 ☑ 현수는 어려운 수학 문제를 풀만큼 정직하다.

두 번째 문장에서 현수는 어려운 수학 문제를 푼다고 하였으므로 '영리하다', '똑똑히디'와 같은 어휘가 들어가야 알맞다.

04 순서

05 ☑

| 마 | 실 | | 것 | 을 | | 주 | 세 | 요 | . |

첫 번째 문장은 낱말과 낱말을 띄어 써야 하므로 '먹을∨것이∨많다.'로 띄어 쓴다.
세 번째 문장은 '께서'와 같은 말은 앞말에 붙여 써야 하므로 '선생님께서∨나를∨칭찬하셨다.'로 띄어 쓴다.

06 1 줄 지 어   2 끼 어 들 었 다

1 '줄짓다'는 '줄지어', '줄지으니'처럼 'ㅅ' 없이 쓰이는 경우도 있다.
2 '끼어들다'는 [끼어들다], [끼여들다]로 발음할 수 있다. 하지만 쓸 때에는 '끼어들다'로 쓴다.

07 ④ 무슨 일이든 순서가 있으니 차례를 따라야 한다.

제시된 글에서는 어른이 계시는데 어린아이가 먼저 먹는 것을 보고 엄마가 잘못을 지적하였다. 그러므로 '찬물도 위아래가 있다'는 무슨 일이든 순서가 있으니 어른이 먼저 드신 후에 먹어야 함을 나타내는 속담임을 알 수 있다.
① 바늘 가는 데 실 간다
② 부모 말을 잘 들으면 자다가도 떡이 생긴다
③ 아이 보는 데서는 찬물도 못 마신다
⑤ 윗물이 맑아야 아랫물도 맑다

08 차 례 를 지켜야 하는 이유

이 글은 은서의 이야기를 통해 차례를 지켜야 하는 이유와 차례를 지키면 좋은 점을 설명하였다.

09 푸름

줄을 선 사람들의 제일 앞에 가서 선 푸름이는 차례를 지키지 않고 줄에 끼어드는 행동을 한 것이다.

10 ④ 안전하고 편리하게 생활할 수 있다.

은서의 부모님은 차례를 지키면 안전하고 편리하게 생활할 수 있다며 차례를 지킬 때의 좋은 점을 말씀하였다.

01  반대로

💬 '반대'는 두 사물의 모양, 위치, 방향, 순서 따위에서 등지거나 서로 맞선다는 의미이다.

02 묶음

03 ☑ 바지를 잘라 입으려고 바지의 길이를 <u>세다</u>.

💬 마지막 문장에는 자나 저울을 이용해서 길이, 무게 따위의 정도를 알아본다는 의미의 '재다'와 같은 어휘가 들어가야 알맞다.

04 나눠 | 합쳐 | 줄지어

05 1 (가리다 | 가르다) 2 (가리다 | 가르다)

💬 1 여러 답 중에서 맞는 답을 구별하여 뽑은 것이므로 '가리다'를 써야 알맞다.
  2 사람들을 두 편으로 나누는 것이므로 '가르다'를 써야 알맞다.

06 1 개 2 묶음

07 ☑ 밥을 잘 먹지 않고 억지로 느릿느릿 밥을 먹다.

08 사자와 호랑이가 가진 곶 감 의 개수 차이

💬 이 글은 호랑이와 사자가 곶감을 어떻게 나누었는지 알고, 두 주머니에 든 곶감의 개수 차이를 알아보는 뺄셈 문제이다.

09

노란색 주머니에 든 곶감 5 개

파란색 주머니에 든 곶감 4 개

💬 호랑이는 곶감 9개를 두 묶음으로 나누어서 노란색 주머니에 5개, 파란색 주머니에 4개를 넣었다.

10 풀이 과정 5 - 4 = 1 이므로, 노란색 주머니에는 파란색 주머니보다 곶감이 1 개 더 들어 있다.

01 착각

02 ☑ 직접 관계가 없는 남의 일에 참견하다.

> '잘못이나 실수가 없도록 말이나 행동에 마음을 쓰다.'는 '조심하다'의 뜻이다.
> '자기 순서나 자리가 아닌 틈 사이를 비집고 들어가다.'는 '끼어들다'의 뜻이다.

03 ☑ 아기가 장난감을 찾으려 바구니를 뒤덮다.

> 마지막 문장은 아기가 장난감 바구니를 거꾸로 들어 위가 밑으로 되고 밑이 위로 되도록 하였다는 뜻이므로 '뒤집다', '뒤엎다'와 같은 어휘가 알맞다.

04 부러트렸다

> • 붙다: 무엇에 닿아서 떨어지지 않다.
> • 누르다: 힘을 주어 밀다.

05 **1** ㄴ **2** ㄷ **3** ㄱ

06 **1** 끊 어 졌 다 **2** 뒤 덮 는 다

07 ☑ 조금 방해되는 것이 있다 해도 마땅히 할 일은 해야 한다.

> 구더기가 생기는 방해가 있다고 하더라도 장은 반드시 만들어야 하는 음식이었다. 그러므로 '구더기 무서워 장 못 담글까'는 어려움이나 방해가 있더라도 할 일은 해야 한다는 뜻이다.
> 남의 일에 참견하거나 방해한다는 뜻의 속담은 '남의 잔치에 감 놓아라 배 놓아라 한다'이다.
> 거의 다 된 일을 망쳐 놓는 행동을 뜻하는 속담은 '다 된 죽에 코 빠졌다'이다.

08 새 싹 이 자라는 데 필요한 것

> 이 글에서는 새싹이 자라는 데 필요한 조건을 제시하고, 각 조건이 필요한 이유를 설명하였다.

09 ☑ 벌레

> 새싹이 자라는 데 햇빛, 물, 흙이 필요하다고 하였다.

10 ① 새싹이 햇빛을 더 잘 받게 하려고

> 새싹이 자라는 데 햇빛이 꼭 필요한데 새싹 주위에 커다란 나뭇가지가 있으면 햇빛을 가려 새싹이 햇빛을 받기 어렵다. 그래서 새싹 주변의 나뭇가지를 꺾어 주기도 한다.

01 ❶ 상대   ❷ 최대한

02 ☑ 동생은 병원에 가기 싫어 느릿느릿 <u>서둘렀다</u>.

💬 병원에 가기 싫어서 매우 느리게 움직인다는 의미이므로 급하게 움직인다는 뜻의 '서두르다'가 들어가기에 알맞지 않다.

03   (사과하고)

💬 • 기억하다: 잊히지 않고 생각에 떠오르다.
• 반성하다: 자기의 행동이나 말에서 잘하고 잘못한 것을 깨닫기 위해 스스로를 돌아보다.

04 ❶ 최대   ❷ 최소

💬 ❶ 텔레비전의 소리를 올렸다고 하였으므로 '수나, 양, 정도 따위가 가장 큼'이라는 뜻의 '최대'가 들어가는 것이 적절하다.
❷ 목적지에 가기 위해서는 아무리 적어도 한 시간은 걸린다는 의미의 문장이므로 '최소'가 들어가는 것이 적절하다.

05 ❶ (서두르다 | (서투르다))   ❷ ((서둘렀다) | 서툴렀다)

💬 ❶ 한 번도 해 본 적이 없는 일이라면 일에 익숙하지 못할 것이므로 '서투르다'가 들어가는 것이 알맞다.
❷ 약속 시간에 맞추어 도착하기 위해 급하게 움직인다는 의미의 문장이므로 '서두르다'가 들어가는 것이 알맞다.

06 준호

07 ☑ 큰 차이가 없이 거의 같다.

💬 '대동소이'의 한자어 뜻을 보면 같은 부분은 크고 다른 부분은 작다는 뜻임을 알 수 있다. '대동소이'가 쓰인 문장의 예를 통해서도 큰 차이 없이 거의 비슷하다는 뜻임을 알 수 있다.

08 웅이가 │ 나 │ 눔 │ 장터에서 물건을 판 일

💬 이 글에는 나눔 장터에서 웅이가 물건을 팔았고 그 물건에 흠집이 있는 것을 알게 된 일이 나와 있다.

09 ☑ 머리띠

💬 웅이는 나눔 장터에 책가방, 모자, 색연필, 야구공을 팔려고 가져왔다.

10 ② 판 물건에 흠집이 있어서

💬 준수는 웅이한테 책가방을 사 갔는데 책가방에 큰 흠집이 있는 것을 발견했다. 웅이는 흠집이 있는 물건을 팔아서 준수에게 미안한 마음을 느꼈다.

01 ❶ 소화 ❷ 급식

02 ❶ 나 오 다 ❷ 들 어 가 다

03 (작게) | 크게

💬 '잘다'는 '알곡이나 과일, 모래 따위의 둥근 물건이나 글씨 따위의 크기가 작다.'라는 뜻으로 '작다'와 뜻이 비슷하다.

04 ❶ 식구 ❷ 과식

05 ❶ ㉠ ❷ ㉡ ❸ ㉢

💬 ❶ 편의점 안에서 편의점 밖으로 나왔다는 뜻이므로 ㉠의 의미이다.
❷ 가지 끝에서 꽃봉오리가 솟아났다는 뜻이므로 ㉡의 의미이다.
❸ 홈페이지에 반 친구들의 사진이 실렸다는 뜻이므로 ㉢의 의미이다.

06 ❶ ㉡ ❷ ㉢ ❸ ㉠

💬 ❶ '오물오물'은 '음식을 입 안에 넣고 시원스럽지 아니하게 조금씩 자꾸 씹는 모양'이다.
❷ '꿀꺽꿀꺽'은 '많은 양의 음료수나 음식물 따위가 목구멍이나 좁은 구멍으로 한꺼번에 많이 자꾸 넘어가는 소리나 모양'이다.
❸ '질겅질겅'은 '질긴 물건을 거칠게 자꾸 씹는 모양'이다.

07 ② 몹시 놀라다.

💬 상우는 비싼 장난감 가격을 보고 몹시 놀랐음을 알 수 있다. '눈이 나오다'는 '몹시 놀라다.'라는 뜻이다.

08 음식물이 소화되어 똥 이 되는 과정

💬 이 글에서는 우리가 먹은 음식물이 소화된 후에 남은 찌꺼기가 똥이 되어 밖으로 나오는 과정을 설명하고 있다.

09 ❶ ㉠ ❷ ㉢ ❸ ㉡ ❹ ㉣

💬 이 글에서는 우리가 먹은 음식물이 입에서부터 항문으로 나오는 과정을 입→위장→소장→대장 순서대로 정리하여 설명하였다. 글의 내용에 따라 순서대로 내용을 짚어 가며 선으로 이어 보자.

10 ☑ 음식물과 담즙, 균이 섞이면서 색이 변해서

💬 음식물은 소화를 돕는 물질인 담즙, 장 안에 있는 균과 섞여서 갈색 빛으로 바뀐다.

실력 확인 1회

1 등 교

2 기 억

3 표 시

4 수 업

5 받 침

6 1 ✕   2 ◯   3 ◯   4 ◯

   💬 1 '지각하다'는 '정해진 시각보다 늦게 가다.'라는 뜻이다.

7 1 입학   2 교실   3 교무실

8 1 많이   2 뜨거운   3 방향   4 여러 사람

9 ☑ 순서

   💬 '차례'는 '둘 이상의 것을 하나하나 벌여 나가는 순서'라는 뜻이다.   예 차례대로 줄을 서세요.

10 ☑ 비슷하다

   💬 '닮다'는 '사람 또는 사물이 서로 비슷한 생김새나 성질을 지니다.'라는 뜻이다.   예 쌍둥이는 얼굴이 꼭 닮았다.

11 ☑ 두근거리다

   💬 '설레다'는 '마음이 가라앉지 않고 들떠서 두근거리다.'라는 뜻이다.   예 생일 파티를 할 생각에 마음이 설레다.

12 ① ㉡　　② ㉠

13 ① 확실히 그렇다고 여기다.

> ② '다짐'의 뜻이다.　예 과자를 적게 먹기로 <u>다짐했다</u>.
> ③ '세다'의 뜻이다.　예 친구들이 몇 명이나 왔는지 <u>세다</u>.
> ④ '조심'의 뜻이다.　예 가위를 쓸 때는 손을 <u>조심하세요</u>.
> ⑤ '착각'의 뜻이다.　예 월요일인데 일요일이라고 요일을 <u>착각했다</u>.

14 ☑ 상대한다

> '상대하다'는 '서로 마주 대하다.'라는 뜻이다.

15 ☑ 어리둥절한

> '어리둥절하다'는 '일이 어떻게 되는지 잘 몰라서 정신이 얼떨떨하다.'라는 뜻이다.

16 ⑤ 선생님께서 내 그림을 보시고 잘 그렸다고 <u>사과하셨다</u>.

> '사과하다'는 '자기의 잘못을 인정하고 용서를 빌다.'라는 뜻이다. ⑤에서 그림을 잘 그렸다는 말은 좋은 점을 높이
> 평가하는 말이므로 '칭찬하다'가 알맞다.

17 ① ☑ 거꾸로

> '나란히'는 '여럿이 줄지어 늘어선 모양이 가지런한 상태로'라는 뜻이다.

② ☑ 의논해서

> '반성하다'는 '자기의 행동이나 말에서 잘하고 잘못한 것을 깨닫기 위해 스스로를 돌아보다.'라는 뜻이다.

③ ☑ 건널목

> '정류장'은 '버스나 택시 따위가 사람을 태우거나 내려 주기 위하여 머무르는 곳'이라는 뜻이다.

18 머리

19 병, 약

20 ☑ 묻는 말과 상관없는 엉뚱한 대답을 한다.

실력 확인 2회

1 대 답

2 정 직

3 주 위

4 착 각

5 소 개

6 1 ○   2 ○   3 ○   4 ✕

💬 4 '뒤덮다'는 '빈 데가 없이 온통 덮다.'라는 뜻이다. 4 에 제시된 뜻은 '닦다'이다.

7 1 늙거나   2 다른   3 묶어 놓은   4 깨지거나

8 ☑ 마르다

💬 '젖다'는 '물이 배어 축축하게 되다.'라는 뜻이다. '마르다'는 '물기가 다 날아가서 없어지다.'라는 뜻이므로 '젖다'와 뜻이 반대이다.

9 ☑ 들어가다

💬 '나오다'는 '안에서 밖으로 오다.'라는 뜻이다. '들어가다'는 '밖에서 안으로 가다.'라는 뜻이므로 '나오다'와 뜻이 반대이다.

10 ☑ 기억하다

💬 '잊어버리다'는 '기억해 두어야 할 것을 한순간 전혀 생각하지 못하다.'라는 뜻이다. 반면 '기억하다'는 '지난 일을 잊지 않고 외워 두다.'라는 뜻이므로 '잊어버리다'와 뜻이 반대이다.

11 1 ㉠   2 ㉢   3 ㉡

💬 1 낱말 사이의 거리를 멀게 띄어 써야 한다는 의미이다.
   2 사과를 세 조각으로 쪼개어 따로따로 되게 했다는 의미이다.
   3 가위라는 도구를 써서 종이를 오리는 일을 했다는 의미이다.

12 ① 말리다   ② 다투다   ③ 외우다   ④ 씹다

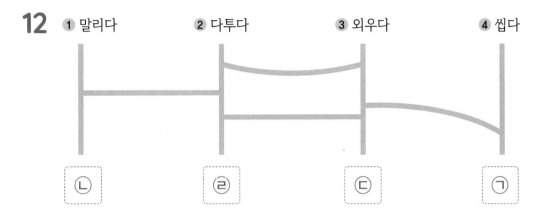

ㄴ   ㄹ   ㄷ   ㄱ

13 ☑ 부러뜨리다

💬 '꺾다'는 '길거나 단단한 물체를 구부려 다시 펴지지 않게 하거나 끊어지게 하다.'라는 뜻으로 '단단한 물체를 꺾어서 부러지게 하다.'라는 뜻의 '부러뜨리다'와 바꾸어 쓰기 알맞다.

14 ☑ 주의하세요

💬 '조심하다'는 '잘못이나 실수가 없도록 말이나 행동에 마음을 쓰다.'라는 뜻으로 '마음에 새겨 두고 조심하다.'라는 뜻의 '주의하다'와 바꾸어 쓰기 알맞다.

15 ☑ 정돈했다

💬 '정리하다'는 '어지러운 것을 한데 모으거나 치워서 가지런히 바로 잡다.'라는 뜻으로 '어지럽게 흩어진 것을 규모 있게 고쳐 놓거나 가지런히 바로잡아 정리하다.'라는 뜻의 '정돈하다'와 바꾸어 쓰기 알맞다.

16 ① ☑ 적어요.
       ② ☑ 끼어들지
       ③ ☑ 무사히

17 ⑤ 소년은 늑대가 없는데 늑대가 나타났다고 인사말을 하였다.

💬 '인사말'은 '만나거나 헤어질 때에 인사로 하는 말'이라는 뜻이다. ⑤에서 양치기 소년은 늑대가 없는데 있다고 '거짓말'을 한 것이다.

18 종이

19 소

20 마음

속담·한자 성어 깊이 알기

병 주고 약 준다
-
본문 14쪽

병은 흔히 '아픈 것'을 뜻하고, 약은 '병이나 상처 등을 낫게 하는 것'을 말합니다. 병을 주고 약을 준다는 것은 다른 사람에게 상처를 입혀 놓고 그 상처를 낫게 하는 약을 준다는 말입니다. 즉, '자기가 피해를 준 후에 도와주는 척한다.'라는 뜻입니다.

예 병 주고 약 준다고 오빠가 계속 약 올려서 내가 울었더니 자신이 가장 아끼는 장난감을 주었다.

소 잃고 외양간 고친다
-
본문 34쪽

옛날에는 주로 농사를 지었기 때문에 소가 소중한 재산이었습니다. 그래서 집 근처에 외양간을 지어 소가 잘 있는지 살폈습니다. 그런데 외양간이 낡거나 허술하면 도둑이 소를 쉽게 훔쳐갈 수 있었습니다. 소를 잃은 주인은 허술했던 외양간을 미리 고치지 않은 것을 후회하며 그제서야 빈 외양간을 고쳤습니다. 이 속담은 소를 도둑맞은 뒤에야 소가 없는 빈 외양간을 고치겠다며 힘을 쓴다는 말로, '이미 일이 잘못된 후에 대책을 세워도 소용이 없다.'라는 뜻을 나타냅니다.

예 소 잃고 외양간 고친다고 동생은 받아쓰기 시험을 망친 후에야 나에게 받아쓰기 연습을 도와달라고 하였다.

고래 싸움에 새우 등 터진다
-
본문 38쪽

고래는 바다에 사는 생물 중에 몸집이 가장 큰 편에 속합니다. 이런 고래에 비해 새우는 몸집이 아주 작습니다. 몸집이 큰 고래들이 싸우는데 그 사이에 작은 새우가 끼어 있으면 새우는 싸움에 휘말려 큰 피해를 볼 것입니다. 이 속담은 '강한 사람들끼리 싸우는 바람에 약한 사람이 피해를 입는다.'라는 뜻입니다.

예 고래 싸움에 새우 등 터진다고 언니가 오빠와 싸우다가 괜히 옆에 있던 내 주스만 엎질렀다.

손 안 대고 코 푼다
-
본문 62쪽

코에 콧물이 고이거나 나오면 코를 풀어야 합니다. 코를 풀기 위해서는 손을 사용해야 하는데 이 속담에서는 손을 안 대고 코를 푼다고 하였습니다. 이 속담은 손조차 사용하지 않고 코를 푼다는 말로, '일을 힘 안 들이고 아주 쉽게 해치운다.'라는 뜻입니다.

예 손 안 대고 코 푼다고 짝이 내 숙제를 그대로 베꼈다.

오리무중
－
본문 22쪽

다섯	오 (五)
마을	리 (里)
안개	무 (霧)
가운데	중 (中)

'오 리'는 아주 긴 거리를 의미합니다. 이 한자 성어는 오 리나 되는 짙은 안개 속에 있다는 뜻으로, 무슨 일이 어떻게 되는지 알 수 없다는 말입니다. 옛날 중국에 '장해'라는 선비가 있었습니다. 그는 학식이 뛰어날 뿐만 아니라 주변 오 리에 안개를 만드는 재주까지 있어서, 많은 사람이 학문과 재주를 배우려고 찾아오곤 했습니다. 하지만 그는 만나고 싶지 않은 사람이 찾아오면 안개를 만들어서 자신이 있는 곳을 숨겼다고 합니다.

예 범인이 흔적을 남기지 않아 그 사건은 오리무중(五里霧中)에 빠졌다.

동문서답
－
본문 42쪽

동쪽	동 (東)
묻다	문 (問)
서쪽	서 (西)
대답하다	답 (答)

어떤 사람이 길을 가다가 방향을 몰라 헤매고 있었습니다. 그 사람이 마침 지나가는 사람에게 동쪽이 어디냐고 묻자, 지나가는 사람은 엉뚱하게도 서쪽을 가르쳐 주었습니다. 이 한자 성어는 '동쪽을 묻는데 서쪽을 대답한다.'라는 뜻으로, 묻는 말과 상관없는 전혀 엉뚱한 대답을 가리키는 말입니다.

예 숙제가 무엇이냐고 묻는데 짝은 과자가 맛있다며 동문서답(東問西答)을 하였다.

작심삼일
－
본문 54쪽

만들다	작 (作)
마음	심 (心)
셋	삼 (三)
날	일 (日)

매일 책을 꾸준히 읽겠다거나 운동을 열심히 하겠다고 다짐하는 경우가 있습니다. 그러나 처음 하루이틀만 열심히 할 뿐 그 이후로 점점 하지 않다가 포기하는 경우가 많습니다. 그럴 때 사용하는 이 한자 성어는 '단단히 다짐한 마음이 사흘을 가지 못하고 느슨하게 풀어진다.'라는 뜻입니다.

예 일기를 매일 쓰겠다고 다짐했지만 작심삼일(作心三日)로 끝나고 말았다.

남녀노소
－
본문 58쪽

남자	남 (男)
여자	녀 (女)
늙다	노 (老)
젊다	소 (少)

이 한자 성어를 한자 그대로 풀이하면 '남녀'는 '남자와 여자', '노소'는 '늙은 이와 젊은이'라는 뜻입니다. 사람이라면 저 넷 중에 무엇이든 속하기 때문에 즉 '모든 사람'을 의미합니다. 특히 성별이나 나이에 관계없다는 것을 강조할 때 주로 사용합니다.

예 그 연극은 남녀노소(男女老少) 누구나 좋아할 만하다.

memo